WAC BUNKO

日本国民に告ぐ

誇りなき国家は滅亡する

小室直樹

WAC

まえがき

日本の戦後の総理大臣を任期の上から見ると、時代が下るにつれ、名状しがたい状況をていしている。特に九〇年から二十世紀末までの十年間に、八人の総理の首のすげ替えがあった。平均すると一人約一年である。国民の大方は、名前も覚えていないのが実情ではないのか。

永田町政治がいかに貧困なものであったかがわかろうというものだ。これでは、国益を担った国家戦略などたてられるはずもない。一年に一人の総理大臣は、世界の中でも例が少なく、唯一、ムッソリーニのあとずっと今に続く戦後イタリアの政界事情と肩を並べた。誉められることではない。

また、この九〇年から二十世紀末までの十年間に失ったものの大きさを検証してみるがよい。日本の惨憺たる状態のとき、これはコインの表裏でもあるが、アメリカは、ゴールデン・ナインティーズであったのだ。

本書(旧版)は、このような状況の真っ只中にあった平成八年(一九九六年)末に発刊されたものである。

筆者は本書で〝従軍慰安婦問題〟や〝教科書問題〟などを俎上にのせ、「自虐史観」「反日史観」

発症の根源を解明し、日本人らしさとは何かを考えたわけだが、真の狙いは、混迷を極める当時の日本にあって、これからの日本が進むべき道を提示することであった。

十年ほど経った今日、経済だけを見れば当時の最悪の状況から脱し、明らかに回復基調にあるといえる。しかしながら、国際社会における日本外交の立ち居振る舞いや総理の靖國参拝に関するマスコミ報道などを見る限りにおいては、旧版で私が指摘した問題はいまだ未解決のようである。

これからの日本の行方を考えるとき、目先の政策論も大事であろうが、それ以上に「日本にとっての根本」を考えることが肝要なのである。

そのようなことで、今回、旧版に少しの手を入れ、復刊する運びとなった。いままた読み直してみても、読者諸兄のお役に立つものと自負している。

二〇〇五年十一月吉日

小室直樹

日本国民に告ぐ

◎目次

第3章 はたして、日本は近代国家なのか……123
――明治維新に内包された宿痾《しゅくあ》が今も胎動する

第4章 なぜ、天皇は「神」となったのか――近代国家の成立には、絶対神との契約が不可欠

第5章　日本国民に告ぐ——今も支配するマッカーサーの「日本人洗脳計画」

第6章　日本人の正統性、復活のために――事実に基づく歴史の再検証が不可欠なとき……267

装幀／須川貴弘（ＷＡＣ装幀室）

第1章
誇りなき国家は滅亡する

――謝罪外交、自虐教科書は日本国の致命傷

日本破滅の予兆

日本は何者かに呪《のろ》われている。何か強い意志がそこに働いているとしか考えられない。日本人は、ハーメルンの笛吹き男の笛の音に導かれて怒濤《どとう》の中へ突進していった鼠《ねずみ》の大群のように、投身自殺しようとしているのだろうか。

平成元年(一九八九年)は、歴史の転換点だった。昭和天皇崩御《ほうぎょ》の年であり、ヒトラー生誕一〇〇年の年でもあった。一九九〇年以降は、言うなれば「ヒトラー新世紀」。六月四日に天安門《てんあんもん》事件。人民中国が人民を虐殺し、中国の赤い星は墜《お》ちて微塵《みじん》となった。十一月九日にベルリンの壁撤去。共産主義による自由弾圧の代表例であったベルリンの壁が撤去されたことの意味は、限りなく大きい。

世界史は目眩《めくる》めくスピードで激動し、流転《るてん》の時代に入った。

ソ連は、苦悶《くもん》して、のたうちまわる。諸民族の反乱。労働者の反抗。二十世紀最後の大事件、ソビエト帝国の崩壊。マルクス・レーニン主義は没落へ向けて一直線。

ある作家いわく、

「天安門事件のニュースに接したとき、これほどの事件で、今年の大ニュースは打ち止めだと思ったのに、さらにずっと大きな事件の予兆《よちょう》にすぎなかった」

予兆！

この年（平成元年＝一九八九年）、あたかも昭和天皇が神去《かみさ》りまつるを待ち構えていたかのように、日本破滅の予兆が兆《きざ》したのであった。

この年、忌《い》まわしき「従軍慰安婦問題」が日本人から持ち出された。この年、「朝日ジャーナル」に、「日本国は朝鮮と朝鮮人に公式陳謝せよ」との意見広告が、半年間にわたって掲載された。はじめは、これほどの大事件に発展すると思った人は鮮《すくな》かったろう。しかし、ここに濫《らん》觴《しょう》を発した（始まった）「従軍慰安婦問題」は、渓流となり、川となり、河となり、ついに滔々《とうとう》たる大河となって全日本を呑みつくそうとしている。

誰《たれ》か狂瀾《きょうらん》（荒れ狂う波）を既倒《きとう》に廻《めぐ》らす（押し返す）者ぞ。

ご存じのことと思うが、はじめに、ことの経緯《いきさつ》を鳥瞰《ちょうかん》しておきたい。

中学校教科書、全社で「慰安婦」登場

平成九年度から使用される中学校の社会科（歴史）の全教科書に、いわゆる「従軍慰安婦」問題が登場することになった。日本書籍、東京書籍、大阪書籍、教育出版、清水書院、帝国書院、

日本文教出版の七冊ともに「従軍慰安婦」が登場する。

たとえば、東京書籍の「歴史」教科書は「従軍慰安婦として強制的に戦場に送り出された若い女性も多数いた」と、最大の争点である「強制連行」を史実として記述している。

「歴史」教科書だけではない。「地理」や「公民」の教科書も、「戦後補償」問題と絡《から》めながら「従軍慰安婦」問題を採《と》りあげている。

問題なのはそれだけではない。いわゆる「南京大虐殺《なんきん》」の被害者数についても、ほとんどの教科書に「十数万」「二〇万」「二十数万」「三〇万」といった捏造《ねつぞう》された厖大《ぼうだい》な数字が掲載されている。報道によれば、日中戦争の発端となった蘆溝橋《ろこうきょう》事件についても、「日本軍が起こした」とする誤った史実が文部省検定をパスしていた。

また、日ソ中立条約を一方的に破棄し、千島《ちしま》列島や満洲を侵略したうえ、五七万五〇〇〇人の日本人をシベリアに連れ去って酷使《こくし》(うち五万五〇〇〇人が抑留《よくりゅう》中に死亡)したソ連軍の対日参戦を、「進撃」といった肯定的な表現で記述している。

わが国の教科書が、いわゆる東京裁判史観の影響を色濃く受けた自虐的な暗黒史観によって書かれていることは、かねてから指摘されてきた。ところが、平成九年度から使用される教科書の記述は、右のように、従来よりもはるかに自虐的な記述となっている。まったくの嘘の記述、間違った表現も激増している。そのうえ、事実の歪曲《わいきょく》、嘘の捏造も、格段に大規模かつ悪質になってきた。

藤岡信勝《ふじおかのぶかつ》東京大学教授（現在、拓殖大学客員教授）らの努力によって、教科書の自虐的な記述を改正すべきとの声も上がっていたが、平成九年度の教科書の記述は改正されなかった。

誇りを失った国家・民族は必ず滅亡する

このことがいかに恐ろしいことか、本気になって論じようとする者は、まだいないようである。

日本滅亡の兆しは、今や確然たるものがある。人類は一九九九年に滅亡するとノストラダムスが言ったとか。中国は香港返還後半年で滅亡する、と長谷川慶太郎《はせかわけいたろう》氏は言った（『中国危機《クラッシュ》と日本』光文社）。しかし、より確実に予言できることは近い将来における日本滅亡である。

滅亡の確実な予兆とは、まず第一に、財政破綻《はたん》を目前にして拱手傍観《きょうしゅぼうかん》して惰眠《だみん》を貪《むさぼ》っている政治家、役人、マスコミ、そして有権者。

財政危機は先進国共有の宿痾《しゅくあ》（持病）である。欧米では、人びとは財政危機と対決し、七転八倒している。政治家も有権者も、早く何とかしなければならないというところまでは完全に一致し、そこから先をどうするかを模索《もさく》して必死になって争っているのである。

それに対し、はるかに重病で病《やまい》すでに膏肓《こうこう》に入っている日本では、人びとは案外平気。財政破綻とはどこの国のことか、なんて顔をしている始末。

日本滅亡のさらに確実な第二の予兆は、教育破綻である。

その一つは、数学・物理教育の衰退枯死《すいたいこし》。このことがいかに致命的か。

日本経済は技術革新なしには生き残ることはできない。しかし長期的には、日本の技術立国の基礎は確実に崩壊しつつある。工学部はじめ「理科系」へ進学する（あるいは進学を希望する）学生が急激に減少している。まことに由々《ゆゆ》しきことである。

技術立国のためだけではない。数学・物理は、社会科学を含めたすべての科学あるいは学問の基礎であるとまで断言しても、中《あた》らずと雖《いえど》も遠からず。このことをトコトン腑《ふ》に落とし込んでおくべきである。

だが、さらにより確実な滅亡の予兆は、自国への誇りを失わせる歴史教育、これである。

誇りを失った国家・民族は必ず滅亡する――これ、世界史の鉄則である。この鉄則を知るや知らずや。戦後日本の教育は、日本の歴史を汚辱《おじょく》の歴史であるとし、これに対する誇りを鏖殺《おうさつ》することに狂奔《きょうほん》してきた。

その狂乱が極限に達したのが、「従軍慰安婦」問題である。このことが存外の途方《とほう》もない結果を生むことを論ずるに先立って、先刻ご存じとは思うが、まず、以下にこれまでの経緯を簡単に紹介する。なお、この問題については、上杉千年《うえすぎちとし》著『検証「従軍慰安婦」増補版』（全貌社）、西尾幹二《にしおかんじ》・藤岡信勝著『国民の油断――歴史教科書が危ない！』（ＰＨＰ研究所）、藤岡信勝著『汚辱の近現代史』（徳間書店）などに詳しい。

後世に禍根を残した河野洋平官房長官談話

そもそも、「従軍慰安婦」問題が大きなニュースとなったのは、「元朝鮮人従軍慰安婦　戦後半世紀　重い口開く」と題した平成三年八月十一日付の朝日新聞の報道であった。

そして、翌平成四年、宮澤喜一《みやざわきいち》総理（当時。以下略）の訪韓直前に、加藤紘一《かとうこういち》官房長官が「従軍慰安婦の募集や慰安所の経営等に旧日本軍が何らかの形で関与していたことは否定できない」との談話を発表した（一月十三日）。韓国の日本大使館にデモがかけられ、タマゴが投げつけられる中、訪韓した宮澤総理は「筆舌《ひつぜつ》に尽《つ》くしがたい辛苦《しんく》をなめられた方々に衷心《ちゆうしん》よりお詫《わ》びし、反省したい」と公式に謝罪した。同時に、この問題の真相究明などの措置《そち》を約束した。

これを受けた形で、内閣官房外政審議室が主担当となり、警察庁、防衛庁、外務省、文部省、厚生省、労働省が調査した結果を「朝鮮半島出身のいわゆる従軍慰安婦問題について」と題して平成四年七月六日に公表した。

この調査結果のどこにも、日本軍および日本国政府が直接、慰安婦を強制徴募《ちょうぼ》したことを示す資料は存在しなかった。つまり「強制連行」を裏づける資料はなかったのである。ただ、昭和十三年二月二十三日付で内務省警保局長から各府県長官に出された文書の中に、慰安婦の募集と渡航に関係省庁として配慮を促《うなが》す旨《むね》の記述があったことを受け、「いわゆる従軍慰安婦問題に政府の関与があったことが認められる」と結論づけた。

日本政府の調査結果が「いわゆる従軍慰安婦問題に政府の関与」はあったが、「強制連行を裏づける資料はなかった」としたことに反発した韓国側は、日本政府に追加調査と元慰安婦への「誠意ある措置」を要求した。「誠意ある措置」とは「日本の歴史教科書への正しい記述と学校現場での教育で、過去への正しい認識を日本社会に広げること」（平成四年七月三十一日付朝日新聞報道）である。

こうした経緯から、日本政府は平成四年七月の報告書に続く形での最終報告書を平成五年八月四日に発表した。宮澤内閣が政治改革問題で総辞職する前日のことである。この日、内閣外政審議室が発表した「いわゆる従軍慰安婦について」の中では、慰安婦の募集について、「更《さら》に、官憲等《とう》が直接これに加担する等《とう》のケースもみられた」と述べていた。しかし、問題の「強制連行」のケースを示す資料は何一つ明示されなかった。

「従軍慰安婦」問題が全教科書に登場することになった最大の原因は、この平成五年八月四日、当時の内閣官房長官・河野洋平《こうのようへい》が、まったく根拠がないのに「慰安婦関係調査結果発表に関する内閣官房長官談話」を発表したことに始まる。

河野長官はこの日、慰安婦の募集について「官憲等は直接、これに加担したこともあったことが明らかになった」と述べ、「心からのお詫びと反省の気持ちを申し上げる」と公式に謝罪したのである。しかし、「明らかになった」というのはどういう事実なのか、何一つ示されていない。

「組織化された偽善」

こうした、史実さえ確認しない謝罪外交がピークに達したのが、平成七年の夏に繰り広げられた〝謝罪祭り〟である。この戦後五〇周年の夏、日本は歴史に残る大失敗をした。半世紀以上も前の戦争を「侵略」であると認め、世界中に「謝罪」してしまったのだ。大東亜戦争は「侵略」ではないから、日本国は「謝罪」しないと主張した政治家は一人としてなく、そう論じた新聞は一紙としてなかった。後世《こうせい》の史家の嘆《なげ》くまいことか。

細川《ほそかわ》（護熙《もりひろ》）内閣から、日本政府は何かと言われると（いや、何も言われなくても）、すぐに謝るクセがついてしまった。条件反射的にペコリとする「謝り人形」になってしまった。日本は侵略したから謝ります。日本の歴史は罪の歴史である、日本は過去に悪いことばかりしてきた、だから何がなんでも謝ってしまえ……。

この無条件謝罪主義が極限に達したのが村山富市《むらやまとみいち》内閣である。村山首相は、平成七年八月十五日午前、首相官邸で記者会見し、「戦後五〇年に当たっての首相談話」を発表。先の戦争（大東亜戦争）は、わが国が「植民地支配と侵略によって、多くの国々、とりわけアジアの諸国の人々に多大の損害と苦痛を与えた」侵略戦争であると断定。そして、「痛切な反省の意を表し、心からのお詫びの気持ちを表明いたします」と謝罪した。

閣僚ばかりではない。政党も、与野党こぞって「侵略」「謝罪」「反省」のオンパレードだった。日本は侵略戦争をしたから謝罪すると、政府、政党の大合唱。ディズレイリ（十九世紀の英国の大政治家）の言葉、「組織化された偽善」を思い出すではないか。この組織化された偽善のもと、平成七年六月九日、衆議院本会議でいわゆる戦後五〇年国会決議が採択され、日本は「植民地支配と侵略的行為」を世界中に謝罪したのである。

橋本首相が渡した「おわびの手紙」

村山内閣のやったことは、「謝罪」に留《とど》まらない。村山首相は平成七年八月十五日付の全国紙において「女性のためのアジア平和国民基金」（アジア平和基金）への拠金《きょきん》を呼び掛けた。この

「女性のためのアジア平和国民基金」とは、「全国民規模の拠金による『慰安婦』制度の犠牲者への償《つぐな》いが今どうしても必要だ、という信念の下《もと》に」生まれた制度である。

しかも村山首相は、この基金の発足に当たり、政府が「最大限の協力を行なう所存」であることを表明し、「国民の皆さまお一人お一人のご理解とご協力」を求めたのである。

ところがこの村山内閣が阪神大震災、オウム事件、沖縄の在日米軍基地問題と相次ぐ懸案《けんあん》の処理に失敗。あげく、村山首相は平成八年の冒頭、突如、辞任を表明し、政権を投げ出した。そして橋本龍太郎《はしもとりゅうたろう》内閣が誕生した。

これで謝罪外交も終わりかと思いきや、まったくそうはならなかった。

橋本内閣は終戦記念日を翌日に控《ひか》えた平成八年の八月十四日、「女性のためのアジア平和国民基金」が元慰安婦への「償《つぐな》い金」を支給する手続きを開始するのに平仄《ひょうそく》を合わせる形で、元慰安婦へ渡す橋本首相の手紙を公表した。

この「おわびの手紙」の中で、「いわゆる従軍慰安婦問題は、当時の軍の関与の下に、多数の女性の名誉と尊厳《そんげん》を深く傷つけた問題」と、あらためて「軍の関与」を明記し、同時に、元慰安婦に対して「心からおわびと反省の気持ちを申し上げます」と、ふたたび文書で公式に謝罪したのである。

さらに、十月三十一日、自民・社民・さきがけ三党が第二次橋本内閣発足のために取り交わした合意文書の中で、「歴史認識については、一九九五年八月十五日の村山総理談話を基本に据《す》え、アジア重視の外交を展開する。また戦後問題の残された課題に関して検討する」と、謝罪外交の継続を盛り込む始末。

近年の歴代内閣がやってきたことはただ一つ、「謝罪外交」であった。政治はすべて官僚の言いなり。周辺国のご機嫌《きげん》を伺《うかが》いながら、平身低頭ひたすら政権の維持だけに努めてきた。

鳩山由紀夫《はとやまゆきお》、邦夫《くにお》兄弟、菅直人《かんなおと》らが平成八年の秋に発足させた新党「民主党」に至っては、元従軍慰安婦への深い反省と謝罪を党の基本政策として掲げている。彼らが基本政策の第一として掲げる「民主党の歴史認識」とは、以下のとおりである。

「日本社会は何よりも、アジアの人々に対する植民地支配と侵略戦争に対する明瞭な責任を果たさずに今日を迎えている。二十一世紀に向け、アジアと世界の人々の信頼を取り戻すため、アジアの国々の多様な歴史を認識することを基本に、過去の戦争によって引き起こされた元従軍慰安婦などの問題に対する深い反省と謝罪を明確にする」

いったい、彼らは「謝罪」の意味が分かっているのだろうか。

誤れる教科書は死に至る病

そもそも日本の政治家は、首相の発言がどういう意味を持つのか、まったく分かっていない。

かつて、鈴木善幸《すずきぜんこう》首相は、「日米安全保障条約は軍事同盟ではない」と口走ったことがあった（昭和五十六年五月、日米関係の軍事的性格をめぐって、伊東正義《いとうまさよし》外相と衝突、外相辞任の事態を招いた）。

すわと、アメリカは身構えた。ときに米ソ対立の真っ最中である。日本の首相がこんなことを口走れば――。それは、日本国が、突然、まったく非合法に（一年前に通告しなければならないという条約の明文に違反して）、軍事同盟たる日米安全保障条約を廃棄《はいき》したことを意味する。

首相（あるいは外相）の公式言明は、日本国の意志と看做《みな》されるからである。

「あれは、わたくし個人の見解です、悪かったら取り消します」――これはダメ。国際社会では、そんなことは通用しない。

田中角栄《たなかかくえい》内閣によって「日中復交」がなされたとき（昭和四十七年九月二十九日）、中華民国（台湾）政府との間に結ばれた「日華平和条約」（昭和二十七年発効）は廃棄された。このとき、べつに中華民国政府と交渉して廃棄の手続きが取られたわけではなかった。大平正芳《おおひらまさよし》外相が、公式に「日華平和条約はもはや存続しません」と言明しただけであった。これで充分なのである。

日本は、正式な手続きで中華民国との間に結んだ「日華平和条約」を一方的に廃棄したのであった。国際法上の解釈として、これだけで「日華平和条約」を日本が廃棄したとされる。

首相（あるいは外相）の言明は、これほどの重みがある。「そんなことは知りませんでした」「他意はなかった」では通用しない。

日本国民が、もし国際法を知っていたならば、鈴木首相の発言を聞いた途端に、戦慄《せんりつ》が走っていたことであろう。

米ソ対立の最中に、日本が非合法（ではあるが正式）に、かつ一方的に日米軍事同盟を廃棄したことになるのである。怒り心頭に発したアメリカは、ただちに水爆ミサイルのボタンを押す。そして日本には誰もいなくなった――。こうなってもおかしくないところであった。

幸いにも、そうはならなかった。鈴木首相が国際法音痴《オンチ》であることを、アメリカがよく知っていたからであった。社会党から自民党へ入党した人物なんか、てんで信用できないことを、すでに知悉《ちしつ》していた。鈴木首相の発言を聞いて一瞬身構えたが、すぐに彼が国際法音痴であることを思い出した。アメリカが日本の首相を信用しないでいてくれたおかげで、日本は辛《から》くも危機を脱したのであった。

日本国民は、このことを思い出すべきである。首相や政府がまったく歴史を知らずに謝罪を続けても、「どうせバカな日本の政治家の言うことだ」と相手にせずにいてくれるのか。教科書にまで書いても大丈夫なのか。そうはいかない。いきっこない。

いや、諸外国の手厳しい反応にもまして致命的なことは、「日本は侵略という、とてつもなく悪いことをしてきた国だ」ということを、わが国の幼い頭、若い頭に烙印《らくいん》することである。

エイズ・ウィルスを注射するようなものだとは思わないか。人格が解体して精神分裂症になるほどの精神的外傷《トラウマ》だとは思わないか。巨大な複合体《コムプレクス》（complex）となって無意識の底に蟠踞《ばんきょ》し、蠢動《しゅんどう》しただけで行動があやしくなるとは思わないか。

が、誤れる教科書が死に至る病であることの分析こそ、本書のテーマである。いくつかの準備の後に本格的に論じたい。まずは、政府がしでかした謝罪外交が、どのような国際法的および国際政治的帰結を生むか。ここでコメントしておこう。

鈴木内閣時代と較《くら》べて、日本の国力ははるかに伸展し、影響力はきわめて大きくなっていることを忘れてはならない。もはや、日本外交の主な相手はアメリカだけではない。今度こそ、歴代内閣の謝罪外交によって、日本は破滅するかもしれない。ことの重大さについて、以下、説明してゆきたい。

外国と日本では「謝罪」することの意味が違う

はじめに、「謝罪」することの意味について。欧米やアジア諸国と日本とでは、まったくこの言葉の意味が違う。これに、まず注意を喚起《かんき》しておきたい。周知の人も多いであろうが、無知の人のほうがずっと多いであろう。日本の政治家、役人、マスコミが後者の範疇《はんちゅう》に入ることは確実である。

欧米やアジア諸国では、謝罪した人は、謝罪された人に責務《せきむ》を負うことになる。この意味では、両者間の人間関係は対等ではなくなるのである。

日本ではこれと反対。謝罪すれば、悪いことは「水に流されて」わだかまりは解消する。しかし、諸外国においては、謝罪すれば、悪いことは「水に流される」どころか、逆に水が塞《せ》き止められて」わだかまりが確定される。

このように、「謝罪」の結果が正反対である。その理由は何か。一つには、右の諸外国においては客観的規範が存在するのに対し、日本には、かかる規範が存在しないからである。

日本社会では、右の諸外国の社会とは違って、ことの「善し、悪し」が、すでに客観的に決まっているのではない。直接的人間関係に漲《みなぎ》る「空気」によって決まるのである（山本七平《やまもとしちへい》著『「空気」の研究』文春文庫）。そうであればこそ、日本社会では、人間関係を鬱然《うつぜん》として暗くしている空気を「謝罪」によって打ち払う。謝罪によって、人間関係は改善される。「先に謝ってしまったほうが勝ち」と言われるのは、この理由による。このように、日本においては謝罪によって紛争は解決されるのである。

客観的規範が存在する国における紛争解決は、こうはいかない。どちらが正しいかの紛争は、規範の解釈をめぐってなされる（例、法廷における紛争解決＝裁判。議会における論争。選挙）。紛争解決における勝ち負けは明確（一義的）でなければならない（例、裁判における判決）。そして、負けたほうは勝ったほうに責務《せきむ》を負う。責務の一例は債務《さいむ》である（英語だと、両方ともオブリゲーション）。

たとえば交通事故。かつて日本人は、欧米人の交通事故における態度がいかなるものかを知り、驚いたものである。欧米人の場合、双方とも、絶対に「悪うございました（アイムソリー）」とは言わない。あくまでも相手の過失を言い立てて争う。なぜなら、謝れば、この紛争に負けて、当該《とうがい》交通事故による損害額をすべて負担しなければならないからである。それが嫌《いや》だから、絶対に謝らない。

日本ならどうか。早い段階で、平謝りに謝れば、「誠意がある」ということになって、賠償金もまけてもらえると思っている。だからすぐ謝る（もっとも最近では、日本人もかなりアメリカナイズされて、交通事故の場合には謝らなくなったが……）。

この違いがあればこそ、肩を突き合わせたくらいですぐ「謝る」（パードン、アイムソリーなどと言う）アメリカ人が、交通事故においては絶対に謝らないのである。この一例からだけでも、日本と諸外国では、「謝罪」の構造が完全に異なっていることが理解されよう。知らぬは日本人ばかりなり。

日本政府は、謝罪の構造をまったく知らないだけではない。謝罪の内容が、致命的に破滅的であることに、少しも感づいていない。救いがたい。いや、救済不可能である。政治家失格程度の生易《なまやさ》しいことではない。国賊である。

問題の核心は「強制連行」の有無

繰り返す。歴代内閣の謝罪外交によって、平成九年度から使用される中学校の社会科（歴史）の全教科書に「従軍慰安婦」に関する記述が盛り込まれることになった。

問題は「従軍慰安婦」なるものの実態である。核心は、日本官憲によって彼女たちが強制的に連行されたのか、それとも自発的に応募したのか、という点である。

実際に「元従軍慰安婦」と称する人びとが、次々と日本政府に対して賠償請求訴訟を提訴している。提訴しているのは、中国や朝鮮半島やフィリピンの人びとだけではない。戦時中インドネシア（当時はオランダ領）に住んでいたオランダ人八名も、従軍慰安婦を強いられたのは国際法に反する不法行為だとして、慰謝料請求訴訟を起こした（平成六年一月二十六日付朝日新聞）。

しかし、五〇年以上も前の出来事である。それらの人びとが、はたして強制的に連行されたのか否《いな》か、どのようにして調査しようというのか。

橋本首相が「元慰安婦」に渡した「おわびの手紙」のどこにも「強制連行」の文字はなかった。「軍の関与」を認めただけで、宮澤内閣が総辞職のドサクサに言明した「官憲等が直接、加担したケース」、すなわち「強制連行」は事実上、否定されたのである。

繰り返そう。従軍慰安婦問題に関する最大の争点は、日本官憲（たとえば日本軍）による慰安婦の強制連行があったのか、なかったのかという点である。もしそれがなかったとすれば、彼女らは淫売婦《プロスティテュート》（prostitute）であり、有史以来どの軍隊にも付きものなので（国連ＰＫＯも例外ではない）、日本政府に限って特に非難される理由はない。責任を負う謂《いわ》れもない。

これ以外にも、慰安婦の総数がどれくらいの規模だったのかという問題もある。また、そもそも「従軍慰安婦」という呼称《こしょう》自体、当時は存在せず、実態と懸《か》け離れた呼び方だという議論もある。日本政府は「真相究明」を約束してしまった以上、こうした問題についても引きつづき調査し、明確な回答を出さねばなるまい。

だが、この五年間にわたって延々と議論されてきたこの問題の核心は、ただ一つ、（日本官憲による）「強制連行」の有無である。繰り返すが、橋本首相は「おわびの手紙」を出してしまったが、そこには「強制連行」の文字はないのである。

にもかかわらず、平成九年度からのすべての教科書に「従軍慰安婦」の記述が登場する。しかも「強制連行」を肯定したり（東京書籍）、示唆《しさ》する記述となっている。

いったい、「強制連行」はあったのか、なかったのか。筆者は「なかった」と考えるが、その理由については後述する。また次章では、これまでまったくと言ってよいほど、議論されてこなかった挙証《きよしよう》責任、証明責任の観点からこの問題について論じる。

挙証責任（事実はこうだと証明する責任）が誰にあるか、どちら側にあるかによって、責任の取り方がガラリと変わる。それなのに、今まで、この問題の挙証責任について本格的に論じた人は、いなかった。本書において挙証責任をあらためて論ずる所以《ゆえん》である。

が、挙証責任について論じるに先立って、教科書問題、特に従軍慰安婦問題の核心と根本的事実関係を整理しておきたい。誤った事実の上に立つ議論、いや、事実なんか振り向いてもみない議論ばかりが横行しているからである。なぜ、こんな議論が横行しているのか。それは、日本のマスコミが、依然としてマルクスの亡霊に取り憑《つ》かれているからである。

日本のマルキストが転向できない理由

日本を殺そうとする強い意志が、どこかで働いているとしか思えない。いや、フロイトの言う「死の願望」が日本人の心の底で蠢《うごめ》いたのか。あるいは、死んだマルキシズムの亡霊に取り憑かれたのか。マルキシズムという悪霊に――。

いわく、「日本でもこの『悪霊』に取り憑かれて、これを渇仰《かつぎよう》し、そのおぞましい正体が明らかになりはじめても、（中略）あるいは口を拭《ぬぐ》って変身した愚者どもが少なからず存在した。『進歩的文化人』と呼ばれる人種がそれである」（稲垣武著『「悪魔祓《ばら》い」の戦後史』文藝春秋、ＰＨＰ研究所）。

稲垣氏は、マルキシズムが死滅しても、「日本の言論界にもその後遺症は長く尾を曳《ひ》くにちがいない」と予測した（同右）。彼の予測は的中した。

稲垣氏が右の予測をした理由は、「進歩的文化人」が「いくら表の顔を化粧直ししたところで、三つ子の魂《たましい》百までとやら、彼らの大脳皮質にはいつまでも共産主義の呪縛《じゆばく》が残るだろう」（同右）。

まさにそのとおり。歴史学者の平泉澄《ひらいずみきよし》博士は、「ひとたびマルクスにかぶれた者は信用できない。転向してもマルクスの心は残るから」と喝破《かつぱ》した。

いや、それどころではない。日本のマルキストは、実は転向ができないのである。そういうふうに出来ている。といっても、道心堅固《どうしんけんご》で心を動かさないというのではない。確固たる信念を持っていて、転向なんか潔《いさぎよ》しとしないのではない。それどころではない。韓国人や中国人や欧米人が見れば呆《あき》れるほど、あっさりと「転向」をやってのけるので日本人は有名なのである。

日本のマルキストは、「転向」したつもりなのに、実は転向にも何にもなっていないのである。

その理由は何か。マルクスを理解していないからである。マルクスを理解しないで、マルキシズムの空気《ニューマ》(pneuma) の中で蠢《うごめ》いていることで、マルキストになったつもりでいる。

教義も理論も理解せず、気分だけのマルキスト

マルキシズムは宗教であり科学である。日本のマルキストは、宗教の教義《ドグマ》、科学の理論、いずれも理解していない。ある人が、自称マルキストに「マルクス・レーニン主義とは何か」と問うたことがあった。自称マルキスト、答えていわく、「昔あるところに、姓はマルクス、名はレーニンというド偉《えら》い人がいた。その人の教えである」と——。

嗤《わら》う勿《なか》れ。大多数の「マルキスト」のマルクス・レーニン理解は、この神話と大同小異なのである。

かつて筆者が、正月休みに大学の寮に居残っていたときの話である。そのときたま、熱烈なマルキストとして知られる男が居残っていた。その男が筆者の部屋にやってきた。

夜は深々と更《ふ》ける。この男、喋《しゃべ》りこんで、いっこうに自分の部屋に帰ろうとしない。筆者は言ってやった。

「お化《ば》けが怖いのか。唯物論者がお化けを怖がるなんてナンセンスだ」

この男、悚然《しょうぜん》として（びくびくしながら）答えていわく。

「そりゃァ、お化けなんていないと思うよ。でも、もしいたら……」

絶句。これが日本のマルキスト。彼らは、マルキシズムの教義に無関心だから、本質的に論争をしない。できない。

マルキストの論争は、「マルキシズムの教義とは何か」をめぐってなされるのである。カウツキーvsレーニン論争、トロツキーvsスターリン論争、中ソ論争……、みな然《しか》り。これと宮本《みやもと》（顕治《けんじ》）vs袴田《はかまだ》（里見《さとみ》）論争とを較《くら》べてもみよ。日本の場合は、ただの個人攻撃ではないか。

宮本vs袴田論争は「論争」とは名ばかりの代物《しろもの》であった。この「論争」、マルキシズムに関する議論は少しもなく、どちらが不人情な人間であるかの泥仕合《どろじあい》に終始した。

日本のマルキストがマルキシズムの教義を理解していないことよりも、さらに致命的なことは、マルクスの科学理論を理解していないことである。マルキシズムは科学的社会主義と称し、科学的理論であることを標榜《ひょうぼう》しているのに、である。

日本のマルキストでマルクス科学理論を理解する者なし。筆者はこう断言してはばからない。いるなら出てこい。

労働価値説の再構築をしなかった日本のマルキスト

マルクスの科学的経済理論の根本は労働価値説である。これに異議を唱《とな》える人はいないであろう。もっとも、マルキストに労働価値説を棄《す》ててしまえと忠告する人は、いるにはいる（例、ジョーン・ロビンスン女史）。が、この忠告に限って、マルキスト、特に日本のマルキストは、とうてい受け入れられまい。

マルクスの労働価値説。これは当初から批判が絶えなかった。初期の批判のエッセンスは、「マルクスの説明は結局、循環論になってしまう」というにあった。「循環論では説明になっていない」——当時はこう思われていた。この理由によって労働価値説は価値論として退《しりぞ》けられ、経済学の王座を限界学派に譲《ゆず》ったのであった。

リカードはすでに、労働価値説は迂回《うかい》生産がある経済では成立しないことに気づいていた。リカードであれば、労働価値説を棄《す》てても差し支《つか》えはない。資本主義の分析のための一つの模型《モデル》を提示すれば済むからである。

しかしマルクスは、これでは困る。労働価値説を基礎にして搾取《さくしゅ》論を導き、産業予備軍説から労働者貧困論。すすんで、個別資本と全体資本との矛盾論。行き着く果ては資本主義没落論を展開しなければならないからである。

そのためには、どうしても基礎理論としての労働価値説に成立してもらわないことには、どうしようもない。マルクスは苦心惨憺《さんたん》した。

しかし、日本のマルキストで、マルクスの苦心、苦衷《くちゅう》を理解するものはいなかった。いや、理解するにもしようがなかった。学力が低すぎて、マルクスを理解したくても理解できなかったのではないか。それが何よりの証拠には、かのヒルファーディングvsベーム・バベルク論争すら、日本に紹介されなかったではないか。これを日本に紹介したのは非マルキスト（あるいは反マルキスト）として知られる高田保馬《たかたやすま》教授であった。

労働価値説が循環論だから悪いというのだから、マルキストが緊急になさねばならない仕事は二つあった。一つは、循環論にならないように「労働価値説」を再構築すること。もう一つは、労働価値説抜きのマルクス理論を作ること（ジョーン・ロビンスンの忠告）。これらのいずれも、日本のマルキストは、やろうとはしなかった。

それもそのはず。日本のマルキストは、マルクス理論を少しも理解していなかったから、マルクス理論の核心がどこにあるのか、気づきようもなかったのであった。マルクスの労働価値説を矛盾のない模型《モデル》として構築したのは、近代経済学者の森嶋通夫《もりしまみちお》教授であった。

このように、日本のマルキストはマルキシズムの教義と理論を理解してはいない。だから、転向したくてもできない。いや、転向したつもりが転向になっていないのである。もし、教義と理論を理解していれば転向ができる。背教も棄教《ききょう》もできる。転向とは何か。すなわち、教義と理論を否定することが、転向である。棄教である。

しかし、教義も理論も理解していない。いや、知らない。それどころか関心すらない人さえ多い（マルクスの労働価値説とは何か、再生産図式とは何か、と問われて、咄嗟《とっさ》に正確に答えられるマルキストが何人いるか）というのでは、棄教のしようもあるまい。

本当はマルキストではなかったのだから、転向も棄教もしようがない。マルキシズムを信仰も理解もしていないのだが、マルキシズム的素振《そぶ》り・身振《みぶ》りをしているうちに、何となしにマルキストになった気分になった。その行動様式、気分が板に付いたにすぎない。だから、かえって厄介《やっかい》なのである。

マルキシズムの亡者が復活させた悪霊

マルキシズムの空気の中で、同じ行動様式、気分が身に付き、素振り・身振りが同じになると、類は友を呼ぶ。同類が、友人関係の網《あみ》を作り、主としてその中で交流するようになる。ちょっとした「制度」である。組織もどきである。連帯《ソリダリテ》もどきが形成される。その中での〝しきたり〟

も作られる。内部規範もどきである。かくて、「マルキシズム」を軸《じく》にして、共同体《ゲマインデ》もどきが出来上がる。

もともと、この〝共同体〟もどきの住人は、マルキシズムを信じも理解もしていないのだから、マルキシズムという軸が抜けても、いっこうに差し支えはない。形骸《けいがい》だけが残る。虎《とら》は死して皮を残すと言うが、マルキシズムは死して殻《から》を残す。いや、はじめから中身がなくて殻だけであった。行動様式と人間関係という殻だけがあって、宗教も理論も虚妄《きょもう》であった。いや、何もなかったのであった。抜け殻であった。

だが、この抜け殻が一人歩きする。これが共産主義の呪縛《じゅばく》である。当人の意識においては、とっくにマルキシズムなんか清算したつもりでいながら、その用語、感触、反対の仕方、友人の輪は昔のままである。

日本は伝統主義の国であるから、状況がどんなに変化しても、「昔、正しかったことは、今も正しい」とされる。ゆえに、「昔は正しいとされてきたマルキシズムの戯《ざ》れ言《ごと》は、今も正しい」としなければならなくなる。ソビエト帝国が崩壊しようと、マルキシズムが死のうが、お構いなし。そんなこと気にしない、気にしない。

とは言うものの、マルキシズムが否定された今日、「革命」「資本主義没落」「資本主義こそ諸悪の根源である」などのマルキストにとって最も大切なスローガンは、もはや通用しない。口にするわけにもゆかなくなったのである。

このことの「系《コロラリー》」(corollary　派生的結論)として、日本社会党は、永年掲げてきた基本政策をことごとく棄てざるをえないことになりはてた。

元マルキスト、元「進歩的文化人」は一気に声を失うことになった。彼らはもともと「饂飩《うどん》屋《や》の釜《かま》」(湯だけ＝言うだけ)であった(谷沢永一《たにざわえいいち》著『こんな日本に誰がした』クレスト社)。中身がなかろうと、急所を外れていようと、誤鵠《ごこく》を射ていようと、何がなんでも言わにゃならん。言うことだけが、この者どもの生命である。歌を忘れたカナリアとして捨ててもらえない。このうえなく醜悪な鵺《ぬえ》のひよこだから、声を出さなくなったら絞め殺されるかもしれない。

何とか余喘《よぜん》を保《たも》つ(生き長らえる)には、どうするか。者どもは考えた。今までほざいてきたことで、マルキシズムと直接に関係ないことはないかしらん、と思いあぐねたすえ、思い出した。

東京裁判史観である。南京大虐殺の神話である。「日本は侵略国家である」「日本の歴史は汚辱の歴史である」「日本は過去に悪いことばかりしてきた」――これらの諸命題は、アメリカ占領軍によるマインド・コントロールによって日本人の心の底に植え付けられたものである。マルキシズムとは直接には、関係ない。マルキシズムが滅びたという理由によって、すぐさま流通性を失うものではない。

これだ、とマルキシズムの亡者《もうじゃ》どもは膝を打ったことであろう。マルクスの亡霊が神通力《じんつうりき》を失った。ままよ、マッカーサーの亡霊よ、出《い》できたれ。ソビエト帝国崩壊の年、平成元年（一九八九年）に、「従軍慰安婦」問題が青天の霹靂《へきれき》のごとく日本人から湧《わ》いてきたのは偶然か天意か。あるいは悪霊の復活か。

これを解明するのが本書のテーマである。本論に先立って、従軍慰安婦問題などの教科書問題がマスコミに現われ、決着がつけられるときのパターンを見ておこう。

日本ではすでにファシズムが始まっている

そのパターンとは――。

反日的日本人が騒ぐ↓マスコミが騒ぎを拡大する↓これを奇貨《きか》として外国が干渉してくる↓日本政府が内政干渉に屈する

いつでもいつも、このパターンになって、定着してしまったのである。パターンが定着し、模型化したことだけ見ても、裏には必ず計画性のあることが見えてくるであろう。

いくら戦慄しても足りないほどの恐ろしいことは、これが、「反日史観が新たに製造され人々に定着するプロセス」（藤岡信勝「反日史観はこうしてつくられる」――『サンサーラ』平成八年十一月号）だからである。右のパターン化した過程のオチ――「日本政府が内政干渉に屈する」とは、どういうことか。

日本政府は、ことの真偽《しんぎ》を確かめもせずに外国の言い分をそのまま受け入れる。そして、これまたストレートに、正・不正にかかわらず謝罪する。いつでもいつも、このパターンである。

昭和五十七年（一九八二年）七月二十六日に中国政府が「歴史の改竄《かいざん》である」と抗議してきた「〝侵略↓進出〟書き直し事件」（渡部昇一「教科書問題・国辱の一周忌」――『諸君！』昭和五十八年十月号）から、「従軍慰安婦」問題まで、このパターンはすっかり定着して〝シキタリ〟になった観がある。「制度化」までされているのかもしれない。

「制度化」までされたと思われる理由は、マスコミが事件を拡大して騒ぎ立てる過程で、反対言論封殺《ふうさつ》の下位過程が、あたかも「制度」として組み込まれたかのごとくに、必ず作動を開始するからである。たとえば、朝鮮人慰安婦強制連行説。

「朝鮮人慰安婦強制連行説に異《い》を唱《とな》えること自体が、非人間的な行為として糾弾《きゅうだん》の対象とされるのである」（藤岡前掲論文）

ことの重大さは、言いすぎることはない。今の日本では、すでに言論の自由は圧殺されたと言わなければならない。もし、言論の自由の喪失《そうしつ》が〝ファシズム事始《ことはじ》め〟とすれば、日本では、すでにファシズムが始まっている。

まずは、藤岡氏の命題（文章）を解剖しておこう。はじめに注意すべきことは、「異を唱えること自体」が「批判」ではなく「糾弾」の対象とされることである。

「従軍慰安婦問題」で言論の自由はないのか

「従軍慰安婦問題」をどう評価するか。評価は主観的なことであり、当然、別の評価もありうる。多くの批判も可能である。

これに対し、「異を唱える」と言っても、事実の解明は本来、客観的なことではないか。「従軍慰安婦問題は事実ではない」という異の唱え方に対する反論としては、元来、「いや事実である」という再反論しかないはずではないか。反論、再反論、再々反論……の過程を通じて情報は事実に近づいてゆく。この事実接近の過程において、批判はありえても糾弾はありえないのである。

それなのに、「異を唱えること自体」に対する糾弾とは何ぞや。「異を唱えた」ことの内容が批判されるのではなく、それ自体が悪いというのである。つまり、黙って「承認するべきで、異など唱えてはならない」という論理である。これは言論の自由の論理ではない。ファシズム（とされているところの）論理ではないか。さらに、糾弾の対象は「異を唱えた」人の人格にまで及ぶ。

「非人間的な行為として糾弾の対象とされる」とは何ごとか。「主張」と「その人の人格」の分離。人も知る。これこそ言論の自由の第一歩ではないか。そうでなければ、虚心坦懐《きょしんたんかい》に意見を公表することができないではないか。「もの言えば唇《くちびる》寒し」というほどの言論の自由と正反対の考え方はない。他人の言論に対して反論以外の制裁を加えることは、言論の自由の禁忌《きんき》である。人身攻撃なんかとんでもない。

その禁忌、人身攻撃が、教科書問題をめぐって盛んに行なわれているというのである。教科書問題の背後に何があるか。

「こうした『空気』のなかで、自己規制の網の目が縦横に張り巡《めぐ》らされる」(同右)

自己規制！　これこそ、日本ジャーナリズムの痼疾《こしつ》(持病)であり、言論の自由を呑噬《どんぜい》する(嚙《か》み殺す)怪獣である。この自主規制というモンスターが、教科書問題をめぐって徘徊《はいかい》を始めた。そも、何の兆《きざ》しか。

実証的検証を怠り暗黒裁判を行う日本のマスコミ

問題は反対言論の封殺だけにあるのではない。さらに重要なことは、大マスコミの態度にある。いわく、

「より決定的なことは、数千万の人々の認識を左右する力を持つ、大マスコミ（新聞、テレビ）が、一貫してこの問題の実証的な検証を怠《おこた》り、反対言論を封殺しているからである」（同右）

日本のマスコミが実証的検証を怠っている！　これ、マスコミの自殺ではないか。マスコミであるための最低限の資格は、もちろん実証的検証である。書くことは真実でなければならない。そうではなくて、嘘でも本当でも何でも書き放題というのでは——。それはもう「マスコミ」とも「ジャーナリズム」とも言える代物《しろもの》ではない。断じて。日本のマスコミは、ここまで転墜《てんつい》したのであった。藤岡教授は、はしなくも、この重大事実を発見した。

日本のマスコミは、なぜ、ここまで泥にまみれきったのか。反対言論を封殺するためである。何がなんでも、反対言論は封殺しなければならない——日本のマスコミは、反対言論を目指して放列《ほうれつ》を敷いた。これほどまでのマスコミ言論の統一は、まさに、ゲッベルス賞ものである。

ナチス・ドイツのゲッベルス宣伝大臣は嘆《たん》じて言うであろう。

「余《よ》はドイツ・マスコミを制御《せいぎょ》して統一するために苦心を重ねたが、ついに、これほどの統制はできなかった。日本マスコミは、いったい誰の統制によって、これほどまでの統一が可能になったのか」と。

藤岡教授は論断する。

「たとえば、自民党の奥野誠亮《おくのせいすけ》元法務大臣が『慰安婦は商行為ではないか』というごく当たり前のことを述べたのに対する朝日新聞の報道は、本当に『商行為』であったのかどうかという事実の検証ではなく、そういうことを言うこと自体をアジアの女性を侮辱《ぶじょく》するものだとして断罪するというシロモノである」(同右)

すなわち、「その被疑者のために弁護するのは、けしからん」というのであるから、これは弁護士なき裁判、つまり暗黒裁判である。

「テレビに登場するキャスターは、奥野氏らの発言のたびに『言語道断』という素振《そぶ》りで顔をしかめてみせる」(同右)

まさに問答無用の言論封殺である。暗黒裁判、問答無用の言論封殺――それが、今や、日本マスコミの正体。日本マスコミは、実証的検証を捨て去ること、泥のごとし。

蔓延する反日史観が実証的結論さえ封殺する

ところで、肝心の実証的検証のほうはどうか。

ついに最終的結論とも言うべき論文が発表された。藤岡前掲論文と、秦郁彦《はたいくひこ》千葉大学教授(現在、現代史家)の「慰安婦『身の上話』を徹底検証する」(『諸君!』平成八年十二月号)である。秦・藤岡両教授は、関係資料をすべて渉猟《しょうりょう》した後、決定的な最終結論に達した。ここにそのエッセンスを要約しておきたい。いずれも容易に入手できる論文なので、資料の検討・当否および詳細の議論については、これら両論文参照。筆者は正しいと思う者であるが、異議があれば反論されたい。

秦教授は、必要な資料をすべて検討した後、結論を明記して言う。

「かれこれ総合してみると、朝鮮半島においては日本の官憲による慰安婦の強制連行的調達はなかったと断定してよいと思う」（秦前掲論文）

明快このうえない断定ではないか。秦教授は右の断定を下すために必要な資料をすべて吟味《ぎんみ》したが、特に、慰安婦の強制連行に関して、

「筆者（注・秦教授）が注目するのは、親族、友人、近所の人などの目撃者や関係者の裏付け証言がまったく取れていないことである」（同右）

本当に強制連行があったとすれば、こんなことはありえようはずがない。これだけでも強制連行はなかったことの充分な証明だと思われるのであるが、秦教授は、念には念を入れ、裏には裏を取って、「日本の官憲による強制連行はなかった」という決定的結論に達したのであった。

では、なぜ、（日本の官憲による）強制連行はなかったことが実証的に証明されたにもかかわらず、「強制連行はあった」ということが日本社会に定着し、反対できない空気が蔓延《まんえん》してしまったのか。

反日史観が次から次へと新しく製造され、拡大再生産されるからである。この過程は、骨がらみの螺旋《らせん》過程となり、典型的な悪循環過程となっている。

右の連鎖過程の重大さ、いくら繰り返しても繰り返しすぎることはない。

反日史観を基礎として、反日的日本人が反日的言辞《げんじ》を弄《ろう》して、ことを起こす。そうすると右の過程を経て政府が平謝りに謝る。これを聞いて日本人は、「ああ、やっぱり日本は悪かったのだな。過去にたいへんひどいことをしたのだ」と念が押されることになり、さらに反日史観が強められることになる。

この強められた反日史観を利用すれば、反日的日本人は、さらに過激な反日的言辞を弄《ろう》して、ことが起こしやすくなる。右の過程が拡大され、また繰り返される。同様にして反日史観は、さらに強められる。

この連鎖過程は、反日史観から出発して、さらに強められた反日史観が結論となる。恐ろしい悪循環過程である。これが拡大再生産されつつ、不断に進行してゆく。このようにして、反日史観は、ますます広く、ますます深く、ますます過激になって、全日本へ瀰漫《びまん》（はびこる）してゆくことになる。

「空気」こそが日本教の教義

「従軍慰安婦」問題は根も葉もない作り話である。

「ところが、真に驚愕《きようがく》すべきことに、多くの日本人がこの荒唐無稽《こうとうむけい》な話をどうやら、多かれ少なかれ、信じているらしいのである」（藤岡前掲論文）

日本は「空気」支配の国である。空気《ニューマ》こそが〝日本教の教義〟である。空気に反したことをしただけで許すべからざる「犯罪」とされる。反日史観が全日本に瀰漫《びまん》し、空気とまでなったのだから万事休す。論じること自体がタブーとなった。

「少しでも慰安婦問題に疑念を呈する発言をした政治家には洪水のように集中的な、抗議文、脅迫状、が舞い込む仕掛けになっている」（同右）

まるでカルト教団そっくりのやり口である。誰かの計画か。日本人はマインド・コントロール（洗脳）によってカルト教団になったのか。

占領軍は去ったが、占領軍によるマインド・コントロールは残った。伝統主義の柵《しがらみ》にしっかり守られて、今度は日本人自身が、占領軍がやったのと同型のマインド・コントロールをやるようになったのである。マインド・コントロールの仕組みが、しっかりと社会に根を張ったのである。なぜ、かくも恐ろしきマインド・コントロールが日本社会に根づいたのか。その理由については後に論ずる。ここでは、カルト教団を髣髴《ほうふつ》させるマインド・コントロールが日本で作動している。このことを銘記しておきたい。

集中的な抗議文、脅迫状！「議論には議論を」「意見には反対意見を」、このルールへの箍《たが》は外されっぱなしである。言論の自由は地《ち》を掃《はら》った。たとえば、「参議院自民党の板垣正《いたがきただし》議員のところへ来たこの種の文書・電話は八〇〇〇件、衆議院の奥野代議士のもとへはその倍の数の脅迫と抗議が来ているという」(同右)

この言論弾圧のパターン。カルト教団のそれと同型であることはすでに強調した。反対意見は許さない。何がなんでも、マインド・コントロールしてしまえ。いや、占領軍のマインド・コントロールとも同型である。占領後の「進歩的文化人」によるマインド・コントロールとも同型なのである。

一九七九年、ソ連軍が突如としてアフガンに侵入する前の時代、日本のマスコミは、少なくとも反・反共でないと寄せつけなかった。それどころではない。少しでも、ソ連、中共に不利な言葉を吐《は》けば、たちどころに、抗議、脅迫の嵐。こんなことさえあった。中国のかの「経済大躍進」のとき、毛沢東《もうたくとう》は、農民の自宅の庭に素朴な溶鉱炉を置いて鉄を作らせたのであった。ある技師はこれを批判して、あんなことで使用可能な鉄ができるわけがないと言った。そうするとどうか。抗議、脅迫の洪水。この技師、ノイローゼになり、それが高《こう》じて死んだ。

なぜ、自己検閲が一人歩きしたのか

自己検閲（自主規制）に発するマスコミのマインド・コントロール。戦争のための言論統制に始まった編集者の自己検閲は、「言論の自由を日本にもたらした」ことになっている占領軍によって強化され、しっかりと日本社会に根を下ろした（第五章で詳述する）。そうすると、日本社会に痼疾《こしつ》たる伝統主義が作動しはじめる。過去は永遠化される。ひとたび「正しい」とされたことは、いつまでも正しい。ひとたび作られた「制度」は、作られた目的が消えた後までも維持されて、機能は逆機能に転換される。

軍部も占領軍も去った。が、その落とし子たる自己検閲の「制度」は残った。それも、けっして、軍部の圧力に編集者が屈したというのではない。ひろく一般には、自己検閲の「制度」は占領軍が発明したものであると思われている。しかし、その実、日本の編集者がみずから導入したものである。だからいっそう深刻なのである。その経緯をスケッチしておく。

自己検閲が導入されたのは戦前のことで、その理由は経済的なものが大きかった。

「（昭和十三年以降、日本の軍部の意向により）本刷り直前の段階で削除された場合、しばしば雑

誌の発刊が発売日にまにあわぬからである」（松浦総三著『占領下の言論弾圧』現代ジャーナリズム出版会）

経済的理由で始まった自己検閲も、はじめは、〝いやいやながら〟であっても、やっているうちに弾みがつく。自己運動化するようになって、一人歩きするようになる。おりしも、戦争へ向けての空気は、日々、充満してゆく。日本は「空気」支配の国である。誰か空気に抗《こう》しうる者ぞ。はじめは、検閲当局のウケをよくするために、やむなく行なった自己検閲も、一人歩きするようになるや、独自の運動法則を持つようになってゆく。

「校了まぢかの校正室は、編集者による自己検閲の法廷となった」（同右）

この自己検閲裁判の判決はどうなった。

「自己検閲の大きなマイナスは、必要以上に削除しすぎるということだった」（同右）

求刑よりも重い判決。

「私たちの検閲は情報局の検閲よりもっときびしかったかもしれない」（青《あお》地《ち》晨《しん》「わが体験的言論統制論」――『週刊読書人』昭和四十二年六月十九日号――松浦前掲書）

自己検閲が自己運動化するとこのとおり。「当局よりももっときびしい」方向へと、自己検閲のヴェクトルは向き、その方向で、より大きくなってゆく。そしてついに、「自己検閲」は、検閲当局も軍部も乗り越えて、マスコミを主戦論一色に染め抜いて、政府も軍部も国民も引きずって、戦争へ一直線。
　政府の慎重論。民間の主戦論。日清、日露戦争以来、日本は、いつもこの図式で開戦し、勝った。伝統主義の作動で、この図式は板につき、戦争まぢかとなるや、マスコミはこのように反応する。たとえば、
「明治三十六年の初め頃には、露西亜《ロシア》と戦うべしという議論が段々盛んになった」（生方敏郎《うぶかたとしろう》著『明治大正見聞史』中公文庫）
　どのように盛んになったのか。
「帝国大学教授法学博士戸水寛人《とみずひろんど》氏をはじめ七人の博士が硬論を主張して政府に建白したのもこの頃のことで……」（同右）
　世間もこれを受けて、「七博士の名は世間に宣伝された」（同右）。
　この空気を受けて、非戦論はしだいに逼塞《ひっそく》、主戦論が世論をリードするようになっていった。
「誰も皆一般に人々の鼻息が荒くなっていた」（同右）
　大東亜戦争のときも、マスコミにおける自己検閲によって、日本の世論は主戦論一色に統制された。検閲当局は、非戦論を弾圧する必要はなかった。「当局の検閲よりもきびしい」編集者による自己検閲の法廷において、非戦論なんてとんでもない。ほんの一寸《ちょっと》でもストレートな主戦論にケチをつけるような言論は、とっくの昔に「必要以上」に削除されたのであった。

かくてマスコミの戦犯的体質は作られた

このようにして、自己検閲の「制度」は、深くしっかりと、日本のマスコミに根づいた。自己検閲によるマスコミの統制によって国民をマインド・コントロールする。かくて日本マスコミの「戦犯的」体質が作られたのであった。

戦後、日本を占領した連合軍は、日本マスコミは、自発的に戦争に協力したと、その「戦犯」としての責任を追及しようとした。が、日本マスコミの自己検閲「制度」とは、言論の統制、マインド・コントロールにかくほどまで効果的であるものかと一驚《いっきょう》を喫《きっ》し、これを占領軍による「日本人のマインド・コントロール」の道具として利用することを思い立ったのであった。

自己検閲は、検閲が行なわれたことを、少しの痕跡も残さずに、恣《ほしいまま》にこれを行なうことができる。不知不識《しらずしらず》のうちに、このうえなく効果的にマインド・コントロールができる。

「自己検閲」を発明したのは、実は日本のマスコミであったが、連合軍はこれを活用して、言論の自由を振りかざしつつ、有史以来、想像もつかないほど完璧に日本人のマインド・コントロールを完遂したのであった。

外国の軍隊に占領されれば、必ず何らかのレジスタンスは起きる。あるいは、澎湃《ほうはい》としてナシヨナリズムが勃興《ぼっこう》する。これが、いわば世界史の鉄則であるが、戦後日本に限って例外であった。外国の歴史家がこぞって驚倒したように、レジスタンスは一件もなかった。熾烈《しれつ》なナショナリズムは雲散霧消《うんさんむしょう》した。かくほどまでに摩訶不思議《まかふしぎ》なことが、なぜ生起したか。

その一つの理由（他の諸理由については、第5章参照）は、マスコミにおける「自己検閲」を利用した巧妙きわまる連合軍によるマインド・コントロールである。連合軍は去ったが、マインド・コントロールの結果は残った。マインド・コントロールの仕組みも残った。マインド・コントロールの結果とは何か。

一つには、東京裁判史観（日本断罪史観――戦争責任はすべて日本にあり、日本は戦犯国家であるという史観）であり、もう一つはマルクス主義史観（特に、いわゆる「三二年テーゼ」）。日本はまだ資本主義に達せず、その本質は封建制である――マルクス史観は単線進化説であるから、「遅れている」ということは、とりもなおさず、「悪い」ということである――。そのトップにあるのは「天皇制」であり、それこそ打倒すべき敵である。

さらに恐ろしいことは、自己検閲に端を発するマインド・コントロールの仕組みは、日本独立後も残って、ますます猛威をたくましゅうすることになった。

日本は伝統主義を基調とする。伝統主義は、「昨日正しかったことは今日も正しい」「ひとたび出現した〝制度〟は、目的を失っても、状況が変わっても存続する」。〝自己検閲〟という「制度」は、東京裁判（の正当性）が確然と否定され、マルキシズム史観が没落しても、厳然として残ったのであった。そして、日本国民に新しいマインド・コントロールを敷こうとする。

マスコミの中に巣食う「転びマルキスト」たち

すでに論じたように、マルキストは転向したつもりでも、実は転向していない。当人は、マルキシズムを棄教《ききょう》したつもりでも、もともと、マルキシズムの教義も理論も理解してはいないのだから、棄教のしようがないのである。もともと、マルキストの人間の輪の中で、言語とセンスと暴力とを共有していただけなのである。ゆえに、「転向」しても、それらは残る。マルキシズムを「棄てて」も、同じ人びとの中で、同じセンスで、同じ言葉を喋《しやべ》り合っている。ここがポイントだ。

もはや、革命は目的とはならない。旧社会主義諸国は、資本主義へ向けて一目散《いちもくさん》。もはや、資本主義こそ諸悪の根源だとは言えない。マルクスは死んだのだから、もはやマルクスの言葉では語れない。イデオロギーと綱領《こうりょう》はみんな棄てた（例、日本社会党）。

今までずっと言いまくってきたことで今後も通用する言葉は唯《ただ》一つ「日本断罪史観」（日本人は過去に悪いことしかしてこなかった。日本の歴史は汚辱の歴史であるという史観）。これだけしかない。

元マルキスト（転《ころ》びマルクス、隠《かく》れマルクス）は、溺《おぼ》れる者は藁《わら》をもつかむ思いにしがみつい た。元マルキストは徒党を組んでいるから、一人がしがみつけば、みんなしがみつく。元マル キストは、数にこと欠かない。数は力なのだ。

戦後ずっと日本は、「体制と大多数の国民は反マルクス、マスコミは少なくともその表面は マルクス」という状態が続いてきた。

体制と大多数の国民は反マルクス（マルクス主義を標榜《ひょうぼう》した政党はあまり得票できない）。ゆえ に、「マルキスト」は日の当たる場所にいられない。このことは強調されるべきである。たとえ ば、故・早坂茂三《はやさかしげぞう》氏（政治評論家）の就職の際のストーリー。同氏は、読売新聞の入社試験を 受けたが、最終面接で落とされた。マルキストであることがバレたのであった。そして入社し たのが、氏いわく三流の東京タイムズ。あれだけの人材でさえ、マルキストの居場所としては、 マスコミの底辺しかなかったのであった（たまに、トップにもぐり込んだ者もいないわけでもな かったが）。

そのルサンチマン（怨念）。その飢餓《きが》感。マルキシズムは、元来、飢餓のイデオロギーであっ た。日本で今や、階層の底辺にいる者に物質的飢餓感はなくなったが、威信（prestige）の飢餓、 力の飢餓、「今に見ておれ」の気持ちは、徒党の中で拡大するばかりであった。

それなのに、捌《は》け口は乏《とぼ》しい。特に、一九七九年、ソ連軍のアフガン侵入によって、社会主義無謬《むびゅう》の神話は、最終的に崩壊した。マスコミは急速に右旋回《せんかい》を始めた。「マルキスト」の鬱憤《うっぷん》の捌け口は、ますます乏しくなってゆく。

いや、無いこともなかった。反日史観すなわち日本断罪史観である。「マルキスト」は、溺《おぼ》れる者は藁《わら》をもつかむ気持ちですがりついたのではあったが、これが案外（いや当然か）、藁ではなく、しっかりと底に根を下ろした巨巌《きょがん》であった。「マルキスト」は、会心の笑みを洩《も》らしたことであったろう。これはいける。今後のスローガンはこれに決めた、と。

かくて反日史観は築かれた

終戦直後から今日まで、延々と繰り返されている反日史観（日本断罪史観）の根底は、東京裁判史観と一九三二年（昭和七年）のコミンテルン・テーゼ（「三二年テーゼ」）にある。

「三二年テーゼ」とは、ソ連共産党が日本共産党に与えた指令書で、日本を強盗国家・封建的帝国主義国家と一方的に弾劾《だんがい》したものである。しかも、証拠も根拠もお構いなし。終始、嘘でかためた言いっ放しにすぎないが、以来、この指令書は反日的日本人の〝聖典〟とされつづけた。日本人の「自虐の系譜」はかくも根深い。自国の歴史を他国からズタズタに干渉されることを容認するばかりか、狂喜乱舞してこれに飛びつく――。

これは谷沢永一氏が縷説《るせつ》したことだが、コミンテルンがこういった理不尽な指令を与えた国は日本唯一国《ただいっこく》であった(『自虐史観もうやめたい!』ワック出版)。なるほど、言われてみれば理の当然。共産主義と愛国心とは次元を異にした概念である。イギリスやフランス、はたまたアメリカの共産党に日本同様の指令など出せば、コミンテルンは各国共産党の総反撃をくらい、ソ連共産党の威信はたちどころに失墜することを、彼らは充分に承知していたのである。

では、なぜ日本人だけに、こんな無謀なことを行なったのか。谷沢氏は日露戦争の敗北による民族的怨念と人種的偏見(当時、人種差別がいかに猖獗《しょうけつ》をきわめたか思ってもみよ)によると指摘するが、筆者も異論はない。

つまり、反日史観は東京裁判史観と三二年テーゼとのドッキングにより土台が形成されたのである。換言すれば、いわゆる「米ソ蜜月《みつげつ》時代」と呼ばれる短い時代に「米ソの共謀」によって行なわれた陰謀なのである。

諸学校における歴史教育は、一貫して、右の反日史観によってなされた。この際、日本の歴史家からの反撃は、いっさい許されなかった。ここが急所である。

この反日史観を支持したのは、米軍当局と米軍によって解放された共産主義者および彼らに連なるマルキスト歴史家どもであった。この経緯だけからしても、当然、反日史観(日本断罪史観）の内容たるや、杜撰《ずさん》かつ粗雑、とうてい学問的批判に耐えうるものではなかった。しかし、この反日史観は、日本の歴史家からの自由な批判を少しも許すことなく、定立《ていりつ》され流布《るふ》されたのであった。

自由討論なくして、デモクラシーなし

自由討論こそデモクラシーの根本。いや、デモクラシーとまでゆかずとも学問の根本。占領軍は、「占領政策を批判する」という理由で、反日史観批判を絶対に許さなかった。これこそ、とんでもない言いがかりである。

占領政策批判ではない。「史観」は、歴史の観方《みかた》であり、「占領」とも「政策」とも関係ない。個人の良心の問題である。言論の自由と較《くら》べてすら、はるかに根源的なことである。

占領軍は、デモクラシーの根本たる「言論の自由」を、日本人に知られぬまま、恣《ほしいまま》に蹂躙《じゅうりん》した。それなのに日本に「デモクラシー」を広めたと詐称《さしょう》している。それどころではない。占領軍は、デモクラシーにとってさらにずっと根本的である「良心の自由」さえも無視したのであった。これは「アメリカ精神」にすら反することではないか。アメリカ建国の父祖たちは、「良心の自由」を求めてアメリカに渡って来たのではなかったか。

良心の自由を棄却《ききやく》して行なわれた反日教育は、日本の社会に根づいた。それはデモクラシーの結果ではなく、自己検閲という日本の伝統を巧妙に利用したからであった（この問題については第5章で詳述する）。反日史観を日本に広め、根づかせるにあたっての、マスコミの役割もきわめて大きい。「当局の検閲よりももっときびしい」日本マスコミの自己検閲は、占領軍当局の意を受けて、フルに作動しはじめたのであった。

それから後は――。

お先棒《さきぼう》を担ぐなんていう生易《なまやさ》しいものではなかった。戦前日本のマスコミが主戦論を拡大再生産したように、戦後日本のマスコミは、占領軍をさえ出し抜いて、「自己検閲」のシステムによって、反日史観を拡大再生産して、しっかりと日本の社会に根づかせてしまった。また、反日史観を、日本社会の支配者たる空気《ニューマ》にもした。こうなると万事休す。

反日史観に反対する者は、条件反射的に排斥《はいせき》され、学界からも言論界からも追放される仕組みが出来上がってしまった。それとともに、反日史観としてヴェクトルの向きが固定されたマスコミの自己検閲〝制度〟も確立された。

日本に、存在《ザイン》（Sein）と当為《ゾルレン》（Sollen）の区別はない。存在するものは「正しい」とされる。ひとたび正しいとされたが最後、伝統主義によって、どんなに状況が変わっても、やはり「正しい」とされつづける。ゆえに、ひとたび出現した〝制度〟は存在理由がなくなっても、依然として存続しつづける。

この伝統主義の呪縛《じゅばく》によって、占領軍が去っても、冷戦が終わっても、反日史観と、その方向にヴェクトルが向けられたマスコミの自己検閲〝制度〟は巨巌《きょがん》のごとく残存することになった。この巨巌に、言論に捌《は》け口を失った「マルキスト」は、しがみついたのであった。かくて、反日史観が日本から噴出する基盤は出来た。かくて、日本自身が、反日史観（日本断罪史観）の不安定な休火山となった。いつ爆発するか。爆発したら、ポンペイの火山どころではない。影響するところ、このうえなく広く大きい。

歴史的な大誤報――教科書事件

果然《かぜん》、昭和五十七年（一九八二年）七月二十六日、中国政府が、「日本の文部省は、歴史教科書検定において歴史の改竄《かいざん》を行っている」と抗議してきた。前述のごとく、昭和五十六年度検定結果において、「侵略」を「進出」と書き直させたというのである。

こんなことは、まことに異例なことであり、国際法上、ありえないことである。教科書問題は純然たる国内問題である。外国政府が、外交ルートを通じて日本政府に抗議してくるということは、日本を独立国と看做《みな》していないことである。日本政府がただちになすべきことは、峻《しゅん》拒《きょ》。それ以外にはない。断じてありえない。

しかし、日本政府は、少しも事実関係を調べずに、ただちに、外交ルートを通じて中・韓両国政府に謝罪と訂正を申し入れたのであった。こんな独立国ってあるものか。しかも、「侵略」を「進出」に書き直させた事実はなかった。これ、日本マスコミの大誤報であった。

文部省は、検定によって「侵略」を「進出」に書き直させたことはなかったと公式に表明した。小川平二《おがわへいじ》文部大臣も、参議院文教委員会で、このように答弁した。すべて、日本マスコミの誤報と、調べもせずにこれに飛びついた中国政府の勇《いさ》み足（いや、虎視眈々《こしたんたん》とこのチャンスを狙っていたのか）から起きたことであった。空騒《からさわ》ぎにすぎなかった。

しかし、結果は日本にとって致命的に重大であった。文部省検定の向きが一八〇度逆転し、すっかり正反対になってしまった。このことである。

すでに述べたように、戦後ずっと、「体制と大多数の日本人（政府もその中に入る）」と「マスコミ」の歴史観はいわば正反対であった。マスコミの主流は反日的歴史観であるのに対し、冷静な日本人がこれに反撥《はんぱつ》する。だいたいこの図式であった。

歴史教科書執筆者の中には、反日的思潮に棹《さお》さし、その奔流《ほんりゅう》に流される者も少なくなかった。こんな者どもが執筆する歴史教科書は、いきおい反日的なものとならざるをえない。これを憂《うれ》えた文部省が検定でこれをチェックする。これがずっと、教科書検定の指向であった。このことは、かの「家永三郎《いえながさぶろう》教科書裁判」を思い出しただけでも分かるであろう。

家永三郎が執筆した教科書の中の、いわゆる南京大虐殺などの記述に対する検定を違憲として国を訴えた訴訟である。つまり、「執筆者＝反日史観」対「文部省＝反・反日史観」。こういうことであった。あまりにもひどすぎる反日史観を、文部省検定によって少しでも緩和しよう。これが、文部省検定の意図、指向であった。

外国の事前検閲を受ける日本の教科書

その文部省検定の指向、向きが、この「昭和五十七年の国辱的教科書問題」の結果、まさに逆転したのであった。反日史観を阻止《そし》する、それがかなわなければ少しでも緩和するための文部省検定の向きが、この時点で正反対となった。反日史観を助長し、保護し、拍車をかけることが文部省検定の機能となったのであった。

昭和五十七年度検定項目が追加されて「近隣諸国への配慮」の一項目が加わった。文部省の意向を拳々服膺《けんけんふくよう》するというのが、教育界の抜きがたい伝統である。その文部省の意向が、彼らが衷心《ちゅうしん》から恐れるマスコミの論調と向きが一致したのだから、一瀉千里《いっしゃせんり》である。

日本の教科書は反日史観のオンパレード。反日史観の巣窟《そうくつ》となった。これでもか、これでもかと、「日本よい国、日本悪い国、悪魔の国」と教えつづけるのであった。戦争中の教科書に、「神の国」とあったのと正反対に。

たとえば、朝鮮の「三・一独立運動」や中国の「五・四運動」（いずれも反日運動として有名）が、とてつもなく大きく、日本の歴史教科書に記載されるようになったのであった。

いや、さらに重大なことは、外国による事前検閲が日本に定着したことである。去年の空騒ぎに恐れをなした日本政府は、日本の教科書を北京《ペキン》やソウルの役人に事前検閲をしてもらうことにしたのであった（渡部昇一「教科書問題・国辱の一周忌」――『諸君！』昭和五十八年十月号）。

これは検閲であって検定ではない。日本の文部省がやる教科書検定（検閲ではない！）に対してすら目くじら立てて噛《か》みつく日本のマスコミが、外国政府による検閲については、いっこうに問題にする様子はなかった（渡部前掲論文）。いや、どうせ外国に検閲されるのだから自己検閲のほうがいいと、日本マスコミの自己検閲マシーンは、わが世の春を謳歌《おうか》してフル回転を始めた。

マスコミの自己検閲法廷の裁判官席に座った元マルキスト（転びマルクス、隠れマルクス）は、鵜《う》の目鷹《たか》の目で、反日史観をネタにして一騒動巻き起こすチャンスはないかと狙っている。だから震源地は、いつも日本。そして、日本で一騒動が起きると、中国や韓国などが待ってましたとばかりに日本攻撃の放列を敷く。これに日本マスコミが付和雷同する。

この際、反対言論封殺のメカニズムがしっかりと取り付けられていることに注意。反対は禁物、タブーなのだ。政治家、特に大臣が反対しようものなら百年目。必ずクビになる仕掛けが出来上がってしまった。このパターンが定着した。ことの重大さは強調しすぎることはない。

なぜ慰安婦は日韓条約のとき問題にならなかったのか

「従軍慰安婦」問題も、まさしく、このパターンで起きた。この問題の核心は、すでにいくたびも強調したが、日本官憲による強制連行の有無である。それに尽きる。もし強制連行がなければ、ことは売春の問題にすぎず、これ世界史とともに古い問題であり、当時の日本では完全に合法であった。

強制連行の事実があれば、問題はまったく違ってくる。第一の問題点は、その強制連行が合法的か非合法的かということである。もし、合法的強制連行（例、容疑者、徴用された者）であれば、法的には問題にならない。非合法な強制連行であれば、ズバリこれ犯罪である。

国際的に、あるいは人道的に問題になる前に、非合法な強制連行は日本（大日本帝国）の紛《まが》うべくもなき犯罪である。当時、大日本帝国憲法は朝鮮、台湾、南洋には施行されていなかったが、刑法は施行されていた。ゆえに、日本官憲がこれを知って見逃していたとすれば、法的責任は免《まぬが》れえない。そうでなくても、検挙率があまりに低ければ、日本官憲の政治的責任が問われることになる（犯罪検挙率があまりに低くて選挙に負けるアメリカの首長のごとし）。

このように、「従軍慰安婦」問題などとはいうものの、その実、強制連行はあったのかなかったのか。仮にあったとした場合、これを行なったのは誰か。日本官憲の命令によるのかどうか。このことだけが問題なのである。ここに焦点を当てて、事実関係を追跡してゆくと、今の紛糾をきわめた状態からは想像もつかないようなことが明白になってくる。

韓国政府が戦後これを問題にしたことはなかった。昭和四十年（一九六五年）の日韓基本条約締結のときも、慰安婦の強制連行などまったく問題にされなかった（藤岡前掲論文「反日史観はこうしてつくられた」）。

日韓基本条約締結に際しては、日本と韓国の主張、感情が、あまりにも尖鋭《せんえい》に対立したので、いくたびも暗礁《あんしょう》に乗り上げた。日本も韓国も、自分に有利、相手に不利なデータを競《きそ》って持ち出して議論を展開したものであった。このとき韓国政府は、男子工の徴用《ちょうよう》（たいがいの場合、合法。日本の男子工も徴用されたのだから、朝鮮人の男子工を徴用したとて、べつに、差別とは言えない）については問題にしたが、慰安婦の強制連行（もしあったとすれば非合法である。明白に犯罪である）については少しも問題にもしなかった。

このことだけを見ても、「慰安婦の強制連行」という事実は、韓国当局の意識に少しもなかったことは明白である。これが一九六五年（あるいはそれ以前）の話である。この年以前だけではない。その後も、一九九〇年代に日本のマスコミが騒ぎはじめるまでは、韓国側が日本に向けて持ち出すことはなかった。このことは、特に注目に値《あたい》する。

すでに論じたように、昭和五十七年（一九八二年）、最初の教科書問題（「侵略」→「進出」検定による書替え問題）が持ち上がった。仮に、「慰安婦の強制連行」という事実が少しでもあったならば、このとき韓国は日本攻撃の好材料として、力を尽くして調査を進めたとは思わないか。

しかし、韓国は、「従軍慰安婦問題」で日本を攻撃することはしなかった。これほどまでの日本攻撃の絶好の材料を捨てて顧《かえり》みないとは、まず考えられない。調査の結果、「強制連行」の事実はなかったか、調査の必要もないほどに「強制連行なんていうことはありえなかった」か、それらのいずれかであるとしか考えられない。

誰が見ても「強制連行」はなかった

念のため、もう一つ大切なことを指摘しておこう。

かの豊田有恒《とよだありつね》氏。豊田氏は親韓国の作家として知られ、一九七八年（昭和五十三年）に上梓《じょうし》した『韓国の挑戦』（祥伝社）で韓国の高度成長を見事に言い当てた人。この人が、その後の韓国にうんざりして言う。うんざりした理由は、「韓国の対日非難が、年を追うごとに激化しているからである」(『いい加減にしろ韓国』祥伝社)。

その対日非難たるや、「日本で韓国に対してなにかの動きがあると、事実を捻《ね》じ曲げ、捏造《ねつぞう》を犯しても、対日非難の大合唱が起こるのである」(同右)。

高度成長の軌道に乗った韓国が、経済では日本に負うことがあまりにも多いために我慢できなくなったというのが、対日非難の理由らしい。たとえば、一九六二年から八三年までの韓国の技術導入件数のうち、五六・三パーセントまでが日本からのものである(同右)。しかも、日本からの技術移転は、年を追って鰻登《うなぎのぼ》りに増加している。そこで、技術料《ロイヤルティー》が安くても高くても、日本は非難されることになる(同右)。

一九八〇年代半《なか》ば、韓国で対日貿易赤字が、問題になってきた(同右)。それ以前もずっと対日貿易は赤字であったのだが、高度成長が進むにつれて韓国人には、「この対日貿易赤字が、しだいに許しがたいものに思えてきた」(同右)。

そして「一九八九年、とうとう韓国では、時の盧泰愚《ノテウ》政権が、言論界からの圧力に屈したせいだと言われるが、輸出先多角化政策を公布した」(同右)。

何がなんでも、対日貿易赤字を減らせ。ついに、来るところまで来た、という感じである。輸出先多角化政策の結果は、大失敗。韓国は、大変な経済危機に直面することになった。九〇年代央の韓国は国歩艱難《こくほかんなん》、経済的危機、政治的危機（全斗煥《チョンドゥファン》・元大統領に死刑、盧泰愚・前大統領に懲役二十二年六月の判決が出された）、社会的危機……。

韓国としては、もはや魔女政策しかない。スケープ・ゴートを見つけてそいつに非難を集中させるのである。もちろん、韓国人にとって「日本」ほど適切なスケープ・ゴートは他にない。「多くの捏造をして」までも日本攻撃を繰り返す。それほどまでに、日本攻撃は覿面《てきめん》なのである。

もし日本が従軍慰安婦を強制連行したとすれば、最大のスケープ・ゴートのこれほどの犯罪を、韓国の政府・マスコミがどうして見逃そう。それなのに、日本のマスコミが言い出すまで、誰一人としてこれを公式に持ち出す人は韓国にいなかった。このことが何を意味するか。もはや多言を要すまい。

これらのことだけからも、誰が見ても、従軍慰安婦の「強制連行」はなかったと断言できよう。と断ずれば必ずや反論があろう。

右は、これ状況証拠である。状況証拠では断言はできない――と。

この言に対する再反論。状況証拠だけで断言できない（有罪にできない）とは、刑事裁判における検事の立場である。

この問題は次章で詳しく展開するが、検事は、怪獣リヴァイアサンのごとき絶大な権力を持つ国家の法的代理人である。広範な調査力を持つ情報機関（捜査当局・警察など）がつき、強制捜査権を与えられている。

これに対し容疑者（被告）は、いとも弱き一個人にすぎない。圧倒的に力の大きさが違う。これほどのアンバランスを均衡させるために、挙証責任を一方的に検事（原告）に負わせる。また、状況証拠だけでは有罪（検事が裁判に勝つ）にできないとする。

国と国との法的論争は、検事と容疑者との法的論争とは根本的に違う。国と国とは対等であり、情報収集能力に圧倒的な違いがあるわけでもない。一方に他方が強制権を持つものでもない。ゆえに、挙証責任は平等であり、状況証拠も、充分な説得力があれば、証拠として採用されうる。

このことを考えると、韓国当局、韓国マスコミの態度は、それがなかったことの充分な証明である。「従軍慰安婦」の「強制連行」をめぐっての状況証拠としてこれ以上のものは、とうていありえないであろう。

謝罪派への質問状

それでも不足だと言う論理的な根拠はないわけだが、念のために直接の証人に登場を願おう。

川崎市にお住まいの大師堂経慰《だいしどうつねやす》氏である（藤岡前掲論文）。氏は朝鮮生まれで、朝鮮総督府に勤務され、当時の事情をよくご存じの方である。

①戦時中、朝鮮人の家族から娘が強制連行されたとして、警察や邑《ゆう》、面《めん》（町、村）の事務所に抗議や問合わせがあったとは、一度も聞いたことがない。

②強制連行があったとすれば、今日はあそこの娘が連行されたから明日はうちの娘が狙われるのではないかと、地方では大きな動揺が起きて当然であるのに、そのようなことも聞いたことがない。

③日本人が引き揚げるときも、朝鮮人婦女子の強制連行を非難されることはなかったし、多くの引揚げ体験記にも、これについての記録は見あたらない。

④民間のみならず、韓国政府も戦後これを問題にしたことはなかった。一九六五年の日韓基本条約締結のときも、男子工の徴用については問題にされたが、慰安婦の強制連行などまったく問題にされなかった。

⑤その後、一九八九年、これが日本人から持ち出され、問題にされるようになるまで、韓国側がこれを日本に対して公式に持ち出したことは一度もない。

⑥強制連行があったとすれば、村民はみな自分の目でその恐ろしい光景を見たはずである。一〇〇年前のことではない。わずか五〇年前のことである。それを見たはずの世代はまだ多数

生存している。朝鮮人慰安婦が問題になってからでも目撃者が大量に出てきてもよいはずなのに、その人たちの証言がまったく出てこない。

以上が大師堂氏の議論の大筋である。

これだけの状況が揃《そろ》えば、証言が出てこないのは、日本軍による慰安婦の強制連行などなかったからだと考えるのが自然である。強制連行があったと主張する人たちは、これに答えねばなるまい。

済州島の慰安婦狩りも作り話だった

このように、韓国側は、「強制連行」について、何の証拠を持っているわけではない。「証拠」として韓国その他が利用しているものは、日本人が捏造《ねつぞう》したものである。

たとえば、吉田清治《よしだせいじ》著『私の戦争犯罪　朝鮮人強制連行』(三一書房・一九八三年)。この本は一九八九年に韓国語に翻訳され、また「済州新聞」に紹介された。秦郁彦氏は、この本の内容の信憑性に疑いをもって調査した。調査の結果、吉田前掲書にある済州島の慰安婦狩りはまったくの虚構であることが明らかになった(藤岡前掲論文)。

動かぬ証拠を突きつけられて、当人も、それを認めざるをえなかった。『週刊新潮』(一九九六年五月のゴールデン・ウィーク特集号)で、当人は、次のように言っている。

「秦さんらは私の書いた本をあれこれ言いますがね。まあ、本に事実を書いても何の利益もない。関係者に迷惑をかけてはまずいからカムフラージュした部分もあるんですよ。だから、クマラスワミさんとの面談も断わりました。事実を隠し、自分の主張を混ぜて書くなんていうのは、新聞だってやってることじゃありませんか。チグハグな部分があってもしょうがない」

このように、「日本官憲による強制連行」の事実はなかった。それにもかかわらず、日本政府は、あたかもそれがあったかのごとくに謝罪してしまった。

こんなことは、従来の国際法上、国際慣行上、考えられないことである。独立国の政府高官は、動かぬ証拠を突きつけられても、それを否定する。絶対に謝罪しない。あくまでも、I'm not sorry. と言い張るのである。

なぜか。謝罪すれば、責任をひっかぶるからである。債務が生ずるからである。ところが、日本政府に限って、あっさりと謝罪してしまった。その必要もないのに、みずから責任(債務)を引き受けてしまったのであった。こうなると急転直下。大変なことになる。

これは、国家賠償ではない。個人への補償である。誰にいくら支払うべきか。容易に決められることではない。何しろ六〇年前の話である。この人が本当に日本軍に売春をやらせられたのかどうか。動かぬ証拠が見つかるともかぎるまい。

売春をやらせられたか、やらせられなかったか。水掛け論になったらどうする。このとき出てくるのが挙証責任の問題である。政府も役人もマスコミもあまり関心がないようであるが、ここが急所である。

真っ赤な嘘が教科書に書かれる理由

以上のように「従軍慰安婦」の「強制連行」はなかったのである。疑いようのないほど明白に論証されたにもかかわらず、平成九年度から中学校で使用される全社の「歴史」教科書には「従軍慰安婦の強制連行」という記述が載ることになった。日本中の中学校で、堂々と真っ赤な嘘が教えられるのである。

この異常な事態に対して、産経新聞など一部のマスコミを除けば、教科書の記述を訂正せよという声は、ほとんどのマスコミで聞かれない。

それは当事者である教育界でもまったく同様である。教科書から慰安婦問題の記述を削除せよと主張しているのは、藤岡信勝教授と教授が主宰する自由主義史観研究会に属する一部の教育者だけと言ってよい。なぜ教師は、中学生に平気で嘘を教えるのか。なぜ異常な事態を改めようとしないのか。不正を正そうとしないのか。

それは教育者自身が慰安婦の「強制連行」があったと思っているからである。藤岡教授の論文など読もうともしないからである。自由主義史観研究会など「右翼」の集まりだと爪弾《つまはじ》きにしているからである。

藤岡教授が指摘しているように、「教育界は一種のタコツボと化している。言論界で議論されていることが、現場の教師には情報として流れない。総合雑誌や一般書を読む教師はほとんどいない、教育雑誌ですら五〇人に一人の割合でしか読まない」（『諸君！』平成八年十一月号）というのだから、救いがたい。

いま教育現場で主流を占めているのは、いわゆる安保世代である。社会主義・共産主義が未来の理想だと思って思春期を過ごした世代である。

ところが、スターリンの恐怖政治や強制収容所の実態が明るみになり、ソ連邦が崩壊しても、考えを変えようとはしない。教科書執筆者もまったく記述を変えなかった。「歴史」教科書はいまだに「コミンテルン史観」と「東京裁判史観」に基づいたままである。慰安婦の記述は教科書問題の氷山の一角にすぎないのだ。

なぜ、教育界がこれほど閉鎖的な、時代に取り残された体質になっているのか。いや、教育界だけではない。日本全体が「コミンテルン史観」と「東京裁判史観」に覆《おお》われている。

なぜ、こうしたメカニズムが日本に定着してしまったかは、近代日本の成立過程——明治維新にメスを入れなければ解明しえない。これは、第3章で詳述するが、その前に、「従軍慰安婦」問題と謝罪外交を考えるうえでのキー・ポイント、「挙証責任《きよしよう》」について述べておきたい。

第2章

「従軍慰安婦」問題の核心は挙証《きよしよう》責任

——なぜ、日本のマスコミは本質を無視するのか

「従軍慰安婦」問題のポイントは何か

紛争においては、挙証《きょしょう》責任が決め手となる。だが、日本ではこのことがよく知られていない。本章では「挙証責任を押しつけられることが、どんなに恐ろしいことか」について論じる。

「従軍慰安婦」問題の議論の過程では、挙証責任が原告（慰安婦）、被告（日本国政府）のいずれにあるのか、ということが曖昧《あいまい》にされてきた。

「挙証責任」は、特に刑事裁判で鮮明に出てくる。まず、刑事裁判を例に採《と》って説明を始める。

刑事裁判において、挙証責任（これが事実であると証明する責任）は、原告である検察官（検事）の側にある。検事は公開された法廷で被告人が有罪であることを、完全に合法的、かつ「合理的な疑いの余地のない」ほど明確に立証しなければならない。ここがポイントだから、少し説明を追加しておきたい。

刑事裁判において、挙証責任が原告（検事）にある、とはどういうことなのか。

「容疑者（被告）のアリバイは完全に崩《くず》された。だが、検事（原告）による犯罪の証明（この容疑者が間違いなく当該《とうがい》の犯罪を行ったという証明）も不完全であった」

このとき判決はどうなる。

「引分け」か。「よい勝負」か。「五分五分《ごぶごぶ》」か――。

そうではない。容疑者の完勝、検事の完敗である。「五分五分」ではなく「一〇分零分《ゼロ》」である。容疑者は無罪。検事の求刑は、死刑であろうと執行猶予であろうと、完全に退《しりぞ》けられる。

次に、大切なコメントをいくつかあげてみる。

右は、被告のアリバイは完全に崩されたが、原告（検事）による犯罪の証明も不完全である場合について論じた。

この際、「犯罪の証明が不完全である」とは、どういうことなのか。

犯罪の証明のために使用される証拠は、どんな小さな欠陥があっても、それは不完全なものと看做《みな》される。〝アバウト〟や大雑把な「証拠」では証拠とされないのは言うまでもなく、証拠は完璧に現実を証明するものでなければならない。現実を証明するために毫釐《ごうり》の瑕瑾《かきん》（ほんのわずかな欠陥）があっても、その証拠は不完全であるとされるのである。

このように、証拠の事実性は完璧でなければならない。

たとえば、次のような例はどうか。

「被告のアリバイは完全に崩された。他方、原告（検事）が提出した証拠は、ほとんど完全に近い。だが、ほんの些細《ささい》なところがちょっと曖昧《あいまい》である。数字で示せば九九・九パーセントまで確実だが、ほんの〇・一パーセントが不確《ふたし》か。誰が見ても、間違いなくコイツがやったにちがいないと映る」

こんなときどうする。「九九・九対〇・一」で検事の勝利か。

近代刑事裁判では、そうはならない。なんと「一〇〇対零《ゼロ》」で、やはり被告の完勝。原告（検事）の完敗である。

なぜ、こういうことになるのか。その理由は明白で、挙証責任が原告（検事）の側にあるからである。（挙証責任のある）原告は、完全な証拠をそろ揃《そろ》えなければならない。（挙証責任のない）被告は、アリバイを証明する必要はないのである。これが挙証責任というものである。挙証責任の凄《すご》さ、理解できましたか。

挙証責任を負担することの恐ろしさ

では、読者のために練習問題を一つ挙げておこう。
練習問題——刑事裁判において挙証責任が被告（容疑者）側にあれば、どういうことになるか。
答え——アリバイが成立しないと、（どんなに容疑が不確かであっても）有罪とされる。すなわち、検事の勝ち、求刑どおりの判決となる。容疑者の負けとなる。
「挙証責任」ということの意味を理解するためには、近代刑事裁判に如《し》くはなし。ゆえに、説明のための例をここに採《と》った。

刑事裁判における挙証責任を論じたので、大切なコメントをもう一つ。

近代刑事裁判には、違法証拠の排除原則（違法に収集した「証拠」は、証拠として認めない原則）がある。

民事裁判においても、基本的には挙証責任は原告の側に負わされている。ただし、挙証の厳密さにおいては、刑事裁判と民事裁判とで大きな違いがある。民事裁判の場合、個人は国家権力（警察、検察）が持っているような強力な調査手段を持たないから、ある程度、厳密さに欠けてもやむをえないとされる。また、状況証拠は、刑事裁判では証拠とされないが、民事裁判では証拠とされることもある。

もし、挙証責任を被告側が負担するとなればどうなるか。

たとえば、あなたがある日突然、見ず知らずの他人から、借金を返せと訴えられたとしよう。挙証責任を負担するということは、裁判で、その見ず知らずの他人から金銭を借りたという事実が存在しないことを、あなたが立証しなければならないということである。

もし、あなたが大金持ちで、次々と見ず知らずの他人から裁判を起こされたとしたら……。

挙証責任は、かくも恐ろしき存在なのである。

なぜアメリカで医師の破産が続出したか

「挙証責任が被告側にある」ということが、いかに恐ろしいか。アメリカにおける医療過誤《かご》裁判を思い出しただけでも、理解できよう。

医療過程（例、手術）において、医者と患者とは対等ではない。医者は、いわば絶対者であり、患者は医者のなすがままにされるほかはない。このうえなく弱い者である。「医療過誤」が実際に起きたとしても、これを証明することは不可能である。ゆえに、医療過誤の有無をめぐって紛争が起きたときには、医者が（無かったことを）証明しなければならない。

アメリカ人はこう考えて、挙証責任を被告（医者）に負わせたのであった。

そうしたらどうなったか。「医療過誤」をめぐっての裁判が起こるわ起こるわ。雨後《うご》の筍《たけのこ》より も叢生《そうせい》した。

たとえば、一九六五年には、不注意な手術によって筋肉に発作的な痙攣《けいれん》と痛みが発生するようになったと主張する原告に対し、三五万ドル（一億二六〇〇万円に相当。当時は一ドル＝三六〇円の時代）の賠償金が認められた。

一九八六年には、誤診のため小腸のほとんどを失った女性に対し、五八〇〇万ドル（一四五億円に相当。一ドル＝二五〇円で算出）の慰謝料が認められた。

「有ること無いことをめぐって」ではない。とてもありそうもないことを言い立ててまで医療裁判が起こされるようになった。負けてもともと、うまくゆくと、ごっそり賠償金が取れるからである。大統領府の調べでは、一九七五年から一九八六年までの間に医療過誤訴訟の陪審評決額は、九三五パーセントも上昇した。

医者は大恐慌。医療過誤賠償金が払えなくて破産する医者が続出した。挙証責任が医者の側にあれば、医者はたいがい裁判に負けるからである。医療過誤賠償金保険に入りたくても、保険金が高すぎて廃業に追い込まれた医者も続出した。ハワイのモロカイ島には医者が一人もいなくなった。医師として得る収入より保険料のほうが高額になったからである（米『タイム』誌、一九八六年三月二十四日号による）。

結果は――。医者は過誤を恐れるあまり、高度の治療、新式の治療を拒否するようになったのであった。そして、医療常識からして容易に治るはずの人が死亡する事件が日常のこととなった。

さすがに裁判好きのアメリカ人も、「医療過誤は裁判になじまないのではないか」「医療過誤裁判において挙証責任を医者にだけ押しつけることは間違いであったのではないか」と考えはじめるようになった。全米医師会は、医療過誤訴訟を陪審制（Jury System――裁判に素人《ジュアリー》が介入する制度）の枠外《わくがい》にし、医療の専門家に判定させることを主張している。

「挙証責任」とは、これほどまでに重大である。

これは、けっして日本でもありえない話ではない。実際に公害訴訟がそうであった。工場からの廃棄物によって健康を損《そこ》なわれたと、周辺の住民が次々と提訴した。従来の民事裁判の考え方だと、住民側が工場廃棄物による身体への悪影響という因果関係を立証しなければならないはずである。

しかし、この考え方に異論を唱える学者が続出した。論拠は、「公害訴訟は刑事訴訟とは違う」というのである。

刑事訴訟の本来の原告は、ホッブスが旧約聖書に描かれた怪物にたとえたリヴァイアサンのごとき恐ろしき国家権力である。検事はその法廷代理人である。強力・有力な捜索機関を自由に駆使《くし》することができる。これに対して、被告（容疑者）は、いともかよわき一個人ではないか。立場の強弱は平等からはほど遠い。ゆえに、公正を期すためには、刑事裁判における挙証責任は、挙《あ》げて原告（国家）側に帰《き》せしめなければならない。

この原則を確立しておかないと、被告の権利を国家主権から守ることはできないのである。この理由によって、挙証責任は、すべて、原告（検察）側にある。

近代刑事裁判は「検事の裁判」であると言われる。裁判官の役目は、検事の立証に少しでも瑕瑾《かきん》（きず、欠点）があるかどうか、それだけを裁判すればよい。その他のことは、いっさい、風馬牛《ふうばぎゅう》（関知しない）でよい。完全に合法的であるか、証拠が完璧に実証されているかどうか、それさえ検討すればよい。ほんのわずかでも不充分な点があれば、検事（国側）の負けである。被告は無罪である。

これが刑事裁判の大原則である。が、この大原則は、公害裁判においては適用されないと多くの学者は論じた。

公害裁判における原告（被害者）は、絶対権力を持っているわけではない。強力・有力な捜索機関を自由に駆使しうるわけでもない。他方、被告（大企業や国）は、加害を隠蔽《いんぺい》するために多くの方法を持っている。ゆえに、刑事裁判とは違って公害裁判においては、挙証責任は被告側に負わせるべきであるとの議論も出てきた。

二者選一性こそ、近代裁判の大原則

しかし、右の考え方は、それまでの民事訴訟の原則に抵触《ていしょく》することもあり、難問も多かった。

そのほか、方法論的難題もある。無いことの証明（アリバイの証明）は、有ることの証明（事実の証明）よりも、はるかに困難なのである。最大の困難は、次のような場合に起きる。

「被告のアリバイもすべて崩れた。しかし事実の立証もできなかった」

このとき、判決はいかにあるべきか。すでに論じたが、あまりにも重大なことなので、もう一度おさらいしておこう。

「よい勝負だ」「引分けだ」「勝ち負けなし」「黒白《こくびゃく》はつかず灰色である」――近代裁判において、このような判決はない。必ず勝負がつかなければならない。黒白は一義的に決せられなければならない。

つまり、「五分五分」という判決はない。「四分六分」の判決もなければ、「九分一分」の判決もない。誰にでも、少なくても「三分の理《り》」くらいはありそうではある。だが、「三分の理」がある場合でも、近代裁判における判決では、「零《ゼロ》分の理」すなわち、「理はまったくない」という形を採らざるをえなくなってしまう。

近代裁判においては、黒白は決まってしまう。「零分一〇分」か、「一〇分零分」か、そのいずれかであって、中間もなければその他の場合もない。完全に二者選一的なのである。

日本では、この二者選一性の大原則を好まず、民事裁判においては、準裁判過程（和解、仲裁、裁定）を勧める弁護士が多く、裁判所さえも、それを勧めることが多いのである。だが、これはまったく別の話。

この二者選一性の大原則からして、挙証責任が、原告・被告のどちらか一方にあり、もう一方にはないということでなければ、判決が下せないことになりかねない。法的結論が出ないことになりかねない。

近代刑事裁判においては、挙証責任は、すべて原告（検察）側にあるから、判決が下せないことはない。法的結論が出ないことはないのである。

前出の設問——アリバイはすべて崩れたが、犯行の証明はできなかった場合の判決は、どうなるか。いくたび繰り返しても繰り返しすぎることはないので、もう一度、結論をまとめておきたい。

無罪である。それは挙証責任が原告（検察）側にあるからである。

また、たとえ「犯行の事実が証明された」としても、途中の手続きにおいて、ほんの少しでも違法なものがあれば、これも無罪である。たとえば、違法な捜査による「証拠」は、証拠として裁判に持ち出すことが許されない（違法証拠排除の原則＝前述）。

なぜ、O・J・シンプソンは無罪になったか

この近代刑事裁判の大原則を、現代統計学の比喩《ひゆ》で説明すると左のようになる。

すなわち、無実の人が有罪とされる確率を零《ゼロ》にするという条件の下で、犯人を有罪にする確

率を最大にする。「一〇〇〇人の犯人を逃すとも、一人の無辜《むこ》を罪する勿《なか》れ」とは、このことを言い表わしているのであろう。

この大原則は、絶対的な政治権力から国民の権利を守るために考え出された一つのイデオロギーである。模型《モデル》である。いかなる場合にでも、最良の結果を確保するものではないことは言うまでもない。ときに、大きな弊害も生む。たとえば、先に触れたアメリカの陪審制。ご存じ、シンプソン裁判を例に採《と》って見てみよう。

一九九五年十月三日、ロサンゼルス上級裁判所陪審は、殺人罪に問われている元フットボールの黒人スター選手O・J・シンプソン被告に無罪の評決を下した。陪審員の構成は、黒人九人、白人二人、ヒスパニック一人。無罪の最大の決め手は、弁護側が人種問題を法廷に持ち込むことに成功したこととみられている。

白人の前妻とその男友だちが殺された晩、シンプソン被告にはアリバイがなく、現場や被告宅の血痕のDNA鑑定も被告に不利だった。だが、日本の法廷と異なりアメリカでは、一般市民から成る陪審員が有罪・無罪を評決する。

弁護側は、捜査に当たった元ロス市警のファーマン刑事が「ニガー」という侮蔑語《ぶべつご》を連発しているテープを公表。「悪徳警官を監視するのは、警察でも検察でもない、あなたたち陪審員の役目だ」と熱弁を振るった。これが裁判の流れを変えた。

かくて、シンプソン被告は「無罪」となった。もし、陪審員が黒人主体でなく白人主体で構成されていたとしたら、いや、そもそも陪審員ではなく、日本のように職業裁判官が判決を下していたら、有罪となっていたかもしれない。

近代刑事裁判の模型《モデル》は、リベラル・デモクラシーの極致《きょくち》であると言われている。近代文明そのものであるとまで主張する人さえもいる。しかし他方では、多くの欠点もあり、いかなる場合でも、最良な模型《モデル》であるとは言えない。

では、代わりの模型《モデル》を、いかにして作るべきか。模型《モデル》作りの急所は、挙証責任をどこにもってくるかにある。近代刑事裁判において、挙証責任は、すべて完全に、原告（検察）側にある。アメリカの医療裁判においては、挙証責任は、被告（医者）の側にある。このことによって、多くの弊害が生じたことは、すでに論じた。

公害裁判においては、挙証責任は被告側（企業）にありとするべきだと主張する学者も多い。すなわち、「公害」（加害）を出していないと被告（企業）が証明しないかぎり、被告は原告（被害者）に対して補償をするべきであるという主張である。

公害裁判における挙証責任を、原告（被害者）、被告（加害者、企業）のいずれにおくべきか。実にこれ、大難問なのである。

もし、原告（被害者）が、被告（企業）による加害（公害）を証明しなければ補償を受けえないとすれば、公害裁判は、有名無実、いや存立の余地のないものとなろう。日本における医療裁判、いやそれ以下のものとなろう。

一私人たる被害者が、巨大企業による公害（加害）を証明することがいかに困難か。ほとんど絶望的なものがあろう。一私人は、技術的知識もなければ、捜索機関も持たない。国家権力（警察、検察）とは違って、強制捜査ができるわけでもない。どうやって大企業の隠蔽《いんぺい》工作を打ち破って公害（加害）の事実を証明しうるのか。

内部告発を嫌う日本人の体質

技術的困難だけではない。

もっと悪いことに、アメリカとは違って、日本の企業は共同体になってしまっている。共同体であるから、ひとたび企業が外部からの攻撃の矢面《やおもて》に立たされるや、企業内部の人びとは、労働者も資本家も、みんな打って一丸《いちがん》となって立ち向かう。

アメリカなどとはまったく違って、内部からの公害告発ということはありえないのであった。このことが、日本における公害告発を決定的に困難にした。

共同体の特徴は、規範の二重性にある。内部規範と外部規範とが異なっていて、普遍規範は存在しないのである。

アメリカの企業は共同体ではない。企業内の規範も企業外の規範も、普遍的一般規範であって同一である。ゆえに、企業外で悪いことは企業内でも悪い。

また、企業の責任者は、自動車の運転者が自動車が起こす事態に対して負わされているのと同一の責任を、企業外の人びとに対して持っている。企業がやったことに関して全責任を負っているのである。たとえば公害を出したならば（誰かに加害をしたならば）、損害補償について全責任を負う。法的にも道徳的にも、である。

ゆえに、当該《とうがい》企業の従業員であっても、「わが企業が公害を出している」ことに気づけば、ただちに内部告発に踏み切る。「社会」もそのことを期待し評価する。だから、公害の内部告発をした人は、「英雄」としてもてはやされる（例、ラルフ・ネーダー）。

日本においては、このようなことは考えられない。企業共同体が出した公害を内部告発などした人は、裏切者として共同体から追放される。それだけではない。外部の「社会」にも、これを評価する者などいない。すなわち、日本においては内部告発は行なわれず、少なくとも公害が明確な事実とされるまでは、従業員は一丸となって「わが社の公害」を隠そうとする。

となれば、日本では、一私人たる被害者が公害企業による加害を証明することは、ほとんど絶望的に困難である。

公害裁判の挙証責任は誰にあるか

では、公害が告発されたとき、その挙証責任は、挙《あ》げて企業側に帰《き》せられるべきであろうか。すなわち、公害が告発されたとき、告発された企業は、アリバイ証明（公害を出していないことの証明）がなされないかぎり、全責任を負って損害賠償をするべきなのであろうか。

しかし、実は、これも困るのである。このようにすれば、従来の民法の原則に大変更を加えなければならなくなるからである。

法律家は、きわめて保守的な人種である。これまでずっとやってきた原則に大変更を加えなければならないとすると、これは大変。一大恐慌をきたす。仕事が手につかなくなる恐れがある。特に裁判官は、どうやって裁判をやってよいのやら分からなくなって途方に暮れてしまう。原則の大変更が、法律家にとってどんなに困難きわまりないものか。刑事訴訟法改正を想起しただけでも、理解できよう。

日本国憲法の制定にともない、昭和二十三年（一九四八年）一月一日を期して、日本は刑事訴訟法の大改正に踏み切った。黙秘権を保証し、自白を制限するとともに、令状主義を採用することで、真相の解明を重視していた職権主義から、被告人の権利を保証する当事者主義へと刑事手続きは一変した。が、法律家、特に裁判官の頭の切換えは容易ではなかった。従来の職権主義が染みついていたからである。かくも法律に携《たずさ》わる人間は頭が固い。

はたして、「損害賠償裁判における挙証責任は被告にあり」という考え方が日本の裁判になじむかどうか。

右のような技術的諸問題の他に、実は、もっとずっと根本的な困難がある。

巨大企業といえども、公害のアリバイ証明（わが企業は公害を出してはいませんという証明）は、実に、容易ではない。特に、かなりの時間が経過した後の公害のアリバイ証明は著《いちじる》しく困難である。このことである。

アリバイ証明の困難さを押し切って挙証責任をすべて被告（企業）に押しつけてしまえばどういうことになるのか。

アリバイも証明されず事実も証明されないとき、すなわち、公害を出したかどうか分からないとき（「加害」の事実があるかどうか結局分からないとき）、判決はどうなるか。原告（被害者）の勝ち、被告（企業）の負け、となる（近代裁判においては、勝負が一義的に決まらない判決はないことに注意）。被告は公害の責任を負って賠償金を支払わなければならなくなる。

このようなことが通例となって社会慣行化したらどういうことになるのか。企業活動は阻害《そがい》され、経済は停滞するであろう。はなはだしい場合には、不景気はぐっと深刻になって、迷惑の及ぶこと計り知れないかもしれない。ある人は、このような状態を指して、裁判公害と呼んだ。

裁判公害は資本主義を滅ぼす

光化学スモッグやら酸性雨やら、いわゆる「公害」をなくするために裁判公害を誘致《ゆうち》してしまったら、どういうことになるのか。アメリカの医療裁判における裁判公害については、すでにコメントした。医療過誤を恐れた医者が、困難な医療、新医療、革新的医療をしなくなった。治る病人も、みすみす生命を失う破目《はめ》になった。人びとは、「医療過誤は裁判に向かない」と言いはじめたのであった。

裁判公害の弊《へい》、かくのごとし。他山の石とするべきか。

公害は、もちろん、コントロールすべきである。近代産業社会において、公害コントロールほど大切なことはない、とまで言えよう。社会主義諸国が滅んだ理由の一つは、公害コントロールに失敗したからであるとも言われている。

が、このことと、公害コントロールが裁判に向いているかどうかということとは、まったく別問題である。いわんや、この裁判において「挙証責任」(アリバイ証明)を、挙《あ》げて被告に帰《き》すべしという主張もまた、まったく別問題なのである。

医療過誤をなくすことは重要である。だが、そのために裁判を利用することをよしとすることは、別問題である。すすんで、この裁判において「挙証責任」(アリバイ証明＝医療過誤がなかったことの証明)を被告(医者)に帰すべし、という主張も別問題である。

公害裁判において、挙証責任を被告(企業)に帰すべしという模型《モデル》は、大きな問題を内包している。企業活動を阻害して不景気を招来させかねない、というだけではない。もっと根本的な問題も含む。

「挙証責任が被告側にある」ということが広く知られたらどうか。「公害は、あったようでもあり、なかったようでもある」ときには、企業は、自称被害者に賠償しなければならない。裁判の結果はこうなるのだということが広く知られたらどうなる。

もっと大変なことだって起こりうる。

時間が経過した後の、ずっと昔の公害のことになったら、アリバイ証明(わが企業はそんな公害を出していないとの証明)は、絶望的に困難であろう。しかも、企業は、アリバイ証明をしないかぎり、自称被害者に必ず賠償をしなければならない。この原則が社会に確立されたらどうなる。

結果は、言わずとも知れたこと。我《われ》も我もと自称被害者が続出するに決まっているではないか。雨後《うご》の筍《たけのこ》もただならぬほど叢生《そうせい》するに決まっているではないか。有ること無いこと言い立てて、いや、無いことだけを喚《わめ》きちらして、賠償金を要求してくるに決まっているではないか。アリバイ証明が絶望的に困難（例、ずっと昔の話）な状況下で、こんなことが頻出《ひんしゅつ》したらどうなる。どんな企業だって、たまったものではない。たちまち破産。経済活動どころの話ではない。

公害を出さないことが絶対確実な仕事の他は、何もしなくなってしまうこと請《う》け合《あ》いではないか。イノヴェーション（技術革新）なんてもってのほか。公害を出すか出さないか、まだ分かってはいないのだから……。

シュンペーターの言を俟《ま》つまでもなく、イノヴェーションこそ資本主義の生命である。裁判公害によってイノヴェーションが逼塞《ひっそく》させられたらどうなる。資本主義の終焉《しゅうえん》。資本主義は死ぬ。

公害の挙証責任（アリバイ証明）を被告（企業）に押しつけてしまうことは、これほどまでの意味を持つのである。

「空気」社会は魔女社会

だが、「空気」社会・日本だと、これほどまでのことでも、空気《ニューマ》の向きしだいでは起きかねない。「空気」社会は、魔女社会でもある。スケープ・ゴートを見付けたら最後、何でもかんでも、悪いことはみんな、このスケープ・ゴートに押しつけてしまう。

スケープ・ゴートは、「裁判」の前から、あらかじめ、有罪に決まっているのである。だから

これ、魔女裁判。

「魔女」だって無罪かもしれない、なんて言ったら一大事。その人もまた「魔女」にされてしまう。須臾《しゅゆ》にして（一瞬にして）、オーウェルの風刺小説『一九八四年』の世界になってしまうのである。

このことは、ニクソンのウォーターゲート事件と田中角栄《たなかかくえい》のロッキード事件とを比較しただけでも容易に理解されよう。それぞれ「大統領の犯罪」「首相の犯罪」と呼ばれ、よく比較して論ぜられる事件ではある。が、その対処の仕方となると、アメリカと日本とでは、まるで違った。

大統領選の最中の一九七二年六月十七日、カメラと盗聴装置を持った七人の男が民主党選挙対策本部のあるワシントンDCのウォーターゲート・ビルに侵入したが、不法侵入の現行犯で逮捕された。これがウォーターゲート事件の発端。

「ホワイト・ハウスは、この特殊な事件に、いっさい関係していない」

六月二十二日、ニクソン大統領は不法侵入事件に関する初の公式見解として、こう発表した。ワシントン・ポスト紙の若手記者の二人――カール・バーンスタインとボブ・ウッドワードは、「この特殊な事件」という表現に何かあると直感し、取材に乗り出した。そして、ワシントン・ポスト紙も全力を挙げてウォーターゲート事件に取り組むようになる。

はじめのうちは、孤立無援の戦いであった。APもUPIもニューヨーク・タイムズもニューズウィークも知らん顔。ワシントン・ポストだけが執拗《しつよう》に報道しつづけた。

一九七二年十月十日頃から、ワシントン・ポスト紙の報道は、事件の核心に迫ってきた。

「ウォーターゲート盗聴事件は、ホワイト・ハウスと大統領再選委員会の上層部の指示で、ニクソン大統領再選のために行なわれた大々的な選挙スパイおよび妨害工作の一環をなすものだ」(C・バーンスタイン、B・ウッドワード著『大統領の陰謀』常盤新平訳・文春文庫)

ニクソン大統領の栄光と挫折

ニクソンは有能な政治家であり、救国の功績は大きい。埋没すべからざるものがあり、アメリカ国民の感謝を受けて当然である。

第二次大戦後、全盛を誇ってきたパックス・アメリカーナ(アメリカの覇権)も、ニクソン大統領の頃（一九六九〜七四年）ともなると、綻《ほころ》びが目立つようになってきた。まず、経済における日欧の急速な追上げのために、経済における世界制覇が危《あや》うくなったのであった。ニクソンは、この経済危機を「ニクソン・ショック」によって糊塗《こと》することに成功した。

そしてヴェトナム戦争。これこそ、アメリカの癌《がん》であった。

いつ果てることもなきヴェトナム戦争の戦費によって巨大なアメリカ経済は揺らいだ。ヴェトコンのゲリラすら鎮圧できなくて、「世界最強国」アメリカの威信は地に落ちた。反戦運動を媒体として、アメリカ人は自信を失い、文化的変容を遂げた……。

ジョンソン大統領を失脚させ、二選出馬断念に追い込んだのもヴェトナム戦争であった。

彼は、もがいてもあがいてもヴェトナムの泥沼から這《は》い出す妙案に思い至らなかった。あの剛胆なジョンソン大統領（このことは第二次大戦中の彼の戦績によっても分かる）が、すっかり憔《しょう》悴《すい》したと言われている。ヴェトナム戦争に打ちのめされたアメリカを救ったのがニクソン。キッシンジャーを起用し、電光石火に和平を実現。アメリカを塗《と》炭《たん》の苦しみから救ったのであった。

米中和解を実現させたのも、ニクソン＝キッシンジャーのコンビであった。対中和解こそアメリカの懸案であったが、もちろん、これは至難の事業である。聳立《しょうりつ》する（そびえ立つ）障壁が、あまりにも高く、あまりにも多いのであった。

これらの障壁を乗り越えて、米ソ対立の機微《きび》に乗じて米中和解を実現させた、ニクソン＝キッシンジャーの腕は入神《にゅうしん》か。世界を賛嘆させた。アメリカ人も、ぐっと唸《うな》った。

その他、中東情勢を弥縫《びほう》（一時的に解決）し、米ソ冷戦に休戦（いわゆるデタント）をもたらすなど、その業績たるや、ニクソンをして「偉大なる大統領」たらしむるに充分なものがあった。

それなのになぜ、ニクソンは、任期中の大統領辞職という空前の屈辱に追い込まれたのか。

その過程の分析こそ、アメリカ理解の鍵《かぎ》である。さらには、日本マスコミの本質を理解するための鍵でもある。

ニクソンがもし、彼の本領を充分に発揮していたならば、「偉大なる大統領」の一人として記憶されるようになっていたことであったろう。それだけの力量も実績もあった。しかし、そうはならなかった。なぜか。ニクソンにも泣き所があった。選挙に弱いことである。いったん当選してしまえば大きな力量が発揮できるのに、なかなか当選できない。

この点、田中角栄とは正反対である。角栄は、本質的に選挙に強い人であった。これに対し、ニクソンは、本質的に選挙に弱い人である。

彼は、アイゼンハワー大統領（当時）に見込まれて、わずか三八歳で副大統領に任ぜられた。ニクソン副大統領は有能かつ献身的であり、アイゼンハワー大統領の信任に充分に応《こた》えた。

アイゼンハワー大統領の任期が完了すると、共和党のボスたちは、ほとんど全員一致でニクソンを大統領候補に選ぶことになる。多くの人は、ニクソン当選を予想した。何しろ、実績のある副大統領だ。無名の若き上院議員ケネディなんかとはタマが違う。貫禄も知名度も桁《けた》が違う。

なぜ、ニクソンは落選したか

ところが蓋《ふた》を開けてみると、ニクソンは、すんでの所で落選した（一九六〇年）。これで、ニクソンの大統領への道は閉ざされたと誰しも思った。ひとたび落選した大統領候補者が、その後もう一度、大統領候補に選ばれたことは、一八九二年のクリーヴランド以後、なかった。これがアメリカ政治の常道である。

が、ニクソンは諦《あきら》めなかった。もう一度、挑戦！

大統領候補として有力なのは、副大統領、上院議員、州（特に大きな州）の知事である。ニクソンは、アメリカ最大の州・カリフォルニア州の知事に立候補した（一九六二年）。いくら何でも副大統領まで務めあげた人物が……。人びとは唖然《あぜん》とした。が、ニクソンは敢《かん》然《ぜん》と挑戦した。

結果は落選。カリフォルニア州民は、「ニクソン」なんていう中央の政治家を必要とはしなかったのであった。ニクソンの政治的生命はこれで終わったと思われた。日本へやってきたって、もう誰も「副大統領」扱いなんて、ましてや「将来の大統領」扱いなんかしない。依然として昵懇《じっこん》に付き合ったのは岸信介《きしのぶすけ》だけであったとか。

ところが、どん底の頃から、運命はニクソンに擦《す》り寄ってきた。ケネディ大統領は、まもなく暗殺された。彼が始めたヴェトナム戦争は泥沼化し、副大統領から格上げになったジョンソン大統領の手に余るものとなった。アメリカ人は、「有能な副大統領ニクソン」を思い出した。あれやこれやと思いもかけないことが起きて、ニクソンは宿願を達して大統領となる（一九六八年）。ニクソンの手腕は抜群であり、次々と懸案を解決した。

しかし、それでも、「落選」の悪夢は、ニクソンの念頭を去らなかった。ちょうど大学受験に失敗して三年以上浪人した者の念頭からは、三〇年後、四〇年後でも「不合格」の夢魔《むま》が去らないように……。

この選挙コンプレックスが、ニクソンの生命《いのち》取りになった。大統領当選後のニクソンの業績は瞠目《どうもく》すべきものがあった。これで二期目の当選確実。誰しもこう思うだろう。

実際、一九六八年の大統領選挙一般投票におけるニクソンの得票率は、四三・四パーセント。再選を果たした一九七二年の一般投票の得票率は、六〇・八パーセントと、ぐっと上昇しているではないか。

しかし、選挙コンプレックスに取り憑《つ》かれたニクソン大統領の行動は、常軌《じょうき》を逸《いっ》し、精神分析学に格好の題材を与えることになった。無意識の底でコンプレックスが蠢動《しゅんどう》すると、ひとは精神異常者よりも狂暴になることがある。偉大さは消えて、欠点だけが目立つようになる。

近代主権国家を操縦する条件

それにもう一つ、日本の政治過程とアメリカの政治過程とを比較するうえで重大なことがある。アメリカにおいては異常で矮小《わいしょう》な人物が権力を握っていてはならない。アメリカ人は、かかる人物が権力の座にあることを許さない。何としてでも引きずり下ろそうとする。このことである。この点、どんな異常な人にでも、どんな阿呆《あほう》にでも、権力を預けても平然としている日本人とは根本的に違う。

アメリカ人は、このことをまた、次のようにも説明する。「大統領は核兵器の発射ボタンを握っている。少しでも異常の気のある人物に、それを任《まか》せられるか」と。

それもある。が、より本質的には、アメリカ人は近代国家権力というものを、よく理解しているからである。

近代主権国家における権力は絶対である。前近代的専制国家における権力が、伝統主義的制約を受けているのとは違う。近代国家の権力は旧約聖書に描かれたリヴァイアサン。ゴジラよりも恐ろしい怪物である。

その怪物を操縦する者は、まず第一に、正常でなければならない。精神のバランスを失した異常な人物に政治権力を委《ゆだ》ねることは、グデングデンの酔っぱらいに自動車の運転をさせるよりも危険なのである。

次に、偉大でなければならない。近代主権国家の操縦は、高度の政治力（徳 virtue）を必要とする。ゆえに、偉大でない人物に政治権力を委ねることは、猿に飛行機の操縦を任せるよりも危険である。

ウォーターゲート事件は、はからずもこのことを、このうえなく明確に立証してくれた。

ウォーターゲート事件の廉《かど》で大統領辞職が決まったとき、ニクソン大統領は、すすり泣きながらキッシンジャー国務長官に訴えた。

「私が何をやったというのか。何があったのか？」（バーンスタイン、ウッドワード著『最後の日々――続・大統領の陰謀（下）』常盤新平《ときわしんぺい》訳・文春文庫）

「私は国家や国民に何をしたというのか。説明が欲しい。どうしてこういうことになったのか？単純な押入り、侵入事件がどうしてこんなことになったのか」（同右）

たしかにそれは、「単純な押入り、侵入事件」にすぎなかった。が、それは、アメリカ人の感覚では、正常ではなく、大統領の偉大さを傷つけるものであった。その意味で、重大な政治的責任を呼び起こすことであった。

政治責任と刑事責任の違い

さらに重大なことは、政治責任の挙証責任はどちら側にあるか。これがエッセンスである。すでに述べたように、刑事責任の挙証責任は、原告（国家、検察）側にある。容疑者がいて、刑事的責任が問われたとき、その挙証責任は、一方的に原告にある。被告（容疑者）にアリバイを挙証する責任はない。原告が被告の刑事責任を挙証しないときには（アリバイがあってもなくても）被告は即《そく》、無罪となる。「犯行はしていない」と看做《みな》されるのである。

一方、政治責任の場合には、これと正反対である。政治責任を問われたとき、挙証責任は政治家の側にある。当該の事項に関して、政治責任が無いことを政治家が証明しないときには、政治責任はあると看做されるのである。ここがポイント。

たとえば、贈収賄《ぞうしゆうわい》事件。ある政治家に収賄の疑いがかかったとしよう。これを刑事事件とみれば、挙証責任は検事にある。政治家にはない。検事が、完全に証明しないかぎり、べつにアリバイがなくても、この政治家に刑事責任はない。無罪である。いや、起訴されないであろう。

しかし、これを政治事件とみれば、事情はまったく違ってくる。挙証責任は政治家にある。この政治家が、ひと（有権者）を納得させる形で、「収賄していない」ことを証明しなければ、「収賄している」と看做される。「収賄しているようでもあり、していないようでもある」ときには、実は、灰色ではない。刑事的には白であり、政治的には黒である。

このように、一つの贈収賄事件であっても刑事責任と政治責任とが正反対である理由は何か。いともかよわき刑事被告とは違って、政治家は、政治権力というリヴァイアサンの調教師であるからである。国家機構という強力な組織の操縦者であるからである。正常であり有徳でないかぎり、国家権力を任せられないのである。それであればこそ「疑わしきは罰する」原理で責任を問わなければならない。

このことは、アメリカ人たるニクソンは、よく理解していたはずではなかったか。

たとえば、ニクソンが副大統領であったとき、ちょっとした収賄の疑いをかけられたことがあった。このときのニクソンは、「なに単純なこと」なんて高《たか》を括《くく》っていたりしなかった。放っておけば由々《ゆゆ》しきことになることを知っていた。

彼は収賄がなかったことを明白に証明した。テレビを通じて潔白を訴えた。論証は米国民を納得させたし、態度は堂々としていた。米国民はニクソンを徳のある政治家として再確認したのであった。

これと正反対だったのがウォーターゲート事件。

カメラと盗聴装置を持った七人の男が民主党本部不法侵入の現行犯で逮捕された。単純な押入り、侵入事件にすぎなかった、とも言えよう。ニクソン大統領が何をやったというのか。国家、国民に何をしたというのか。「まったく何もしていない」と言うべきであろう。それなのに、どうして大統領辞職ということになったのか。

たしかに事件の発端は、単純な押入り、侵入事件にすぎなかった。だが、アメリカ国民は、そこに何か「ニクソンは正常ではない。偉大でない……アメリカ大統領としてふさわしくないかもしれない」ことを嗅《か》ぎつけたのである。

もちろん、それだけでは刑事責任は問われない。「ニクソンが関与していた」ということを証明する責任が検察側にあるからである。しかし、政治責任となると話はまったく違ってくる。挙証責任は、挙げて、政治家にある。「正常でない、偉大でない……大統領としてふさわしくない」という疑いをかけられたならばどうか。「正常である。偉大である。大統領としてふさわしい」ということを政治家が証明しなければならない。これが鉄則なのである。

もし証明できなければどうか。疑いは正しい。こう看做《みな》されるのである。げに恐ろしきは挙証責任かな。

ローマに「挙証責任あるところ敗訴あり」という法諺《ほうげん》があった。挙証責任を、原告、被告のどちらに押しつけるかによって裁判の勝負が決まるというのである。それをさらに政治にまで一般化したのが近代社会である。挙証責任はどちらにあるのか。あらゆる論争（裁判）に先立って、まず、このことが決められなければならない。

「慰安婦」は性奴隷ではない

では、日本の裁判所はどう考えたか。——公害訴訟の挙証責任を原告住民に負担させたら、彼らが可哀相《かわいそう》だ。専門知識がなく無力な住民たちに、そのような調査能力はない。被害が発生していることは明らかなのだから、儲《もう》かっている企業や監督責任のある政府が、因果関係のないことを主張・立証すべきである——としたのである。それでも公害訴訟の場合には調査は不可能ではなかった。

では、「従軍慰安婦」問題の場合はどうか。「従軍慰安婦」は六〇年以上も前の話である。そもそも本当に「慰安婦」であったのか、そうであったとしたら、強制的に連行されたのか。いったい、それをどうやって調査し証明しようというのか。「強制連行」がなかったと証明することは、「アリバイ証明」である。それがきわめて困難なことは論じてきたとおりである。

当時の朝鮮は、日本とは比較にならないほど生活水準が低かった。ほとんどの人が極貧層だった。日本も貧しかったが、朝鮮はもっと貧しかった。一部の上層階級との貧富の格差が激しかった。このような往時の歴史的事実を無視して議論しても無意味である。

貧富の差が激しいとどうなるか。自発的に「慰安婦」になる人びとが出現する。当時、売春は合法であったし、「慰安婦」は儲かる商売だった。『関東軍女子特殊軍属服務規定』によると、「女子特殊軍属」すなわち慰安婦の月給は、信じがたいことに八〇〇円であった。当時の巡査の初任給が四五円、陸海軍の大将の月給が五五〇円だから、破格の高給である。三年間、働けば、警察官が一生働いても買えない家が六〇軒近くも買えた（当時、五〇〇円あれば家が買えた——『月曜評論』第一二六〇号所収の板倉由明《いたくらよしあき》氏の記事を参照）。

「慰安婦」たちは日本軍に強制連行された「奴隷」だと言う人もいる。『ジャパン・タイムズ』紙などの英字新聞は「慰安婦」のことを「セックス・スレーヴ（性の奴隷）」と訳して報道している。仮に、半ば強制的に連行されたとしても、当時としては過分な報酬を受け取っていた人たちを「奴隷」と呼ぶことが適切であろうか。

従軍慰安婦問題を論ずるなら、こうしたことも踏まえて議論する必要がある。事実関係や挙証責任の問題を曖昧《あいまい》にしたままでは話にも何にもなりはしない。気の毒だ、可哀相なひとたちだからというだけの理由で、安易に謝罪し、無条件に賠償などの救済をすれば、いったいどういうことになるのか。日本の政治家は、日本のマスコミは、分かっているのか。

国際慣行上、つまり国際法上、国家が「謝罪」するということは、国家責任を負うということである。国家責任を負うということは、賠償に応ずるということである（拙著『これでも国家と呼べるのか』クレスト社）。

この際、重要なことは、国家、つまり首相とか外務大臣が「謝罪」しなければ、挙証責任は原告側にあるが、ひとたび「謝罪」すれば、挙証責任を日本が負わされるということである。それがいかに恐ろしいことか、すでに述べてきたとおりである。今後、どの国が日本に挙証責任を押しつけて莫大な賠償を請求してくるか分かったものではない。それだけではない。繰り返される謝罪外交、土下座《どげざ》外交によって、日本は犯罪国家となってしまったのである。

中韓の暴挙に屈する日本の愚挙

日本が犯罪国家になった。それも、自国の政治家とマスコミによって、犯罪国家にされてしまったのである。「自国への誇りを失った国家・民族は必ず滅亡する」とは世界史の鉄則であると強調した。では、みずから犯罪国家の烙印《らくいん》を押した国家はどうなる。世界史に類例を見ないことである。こんな国の行く末がどうなるか。

それにしても、ことの発端は、全教科書における「従軍慰安婦」登場である。

唐突《とうとつ》で摩訶不思議《まかふしぎ》すぎる事件であるので、その本質を分析しておきたい。

いや、分析などしなくても、ものの本質を看取《かんしゅ》しうる真の識者ならば、従軍慰安婦問題のエッセンスは、おのずから明白であろう。いや、ことさらに真の識者などでなくても、苟《いやしく》も常識を備えた者ならば、ことの真相を語るに縷陳《るちん》は要しまい。しかし、識者も常識人も払底《ふってい》しきっているのが現在の日本である。

「一犬虚《いっけんきょ》に吠《ほ》ゆれば万犬《ばんけん》実を伝う」（一人が嘘を言うと、多くの人がそれを真実として伝えること）がごとく、条件反射的な付和雷同《ふわらいどう》こそ、現代日本の政治家・マスコミの行状《ぎょうじょう》である。

教科書に憑依《ひょうい》した土下座外交は、昭和五十七年夏、第一次教科書事件における「宮澤喜一《みやざわきいち》官房長官談話」から始まった。日本文部省の教科書検定が、教科書における記述を「侵略」から「進出」に改めさせた（そんな事実は何一つなかったことは、渡部昇一氏によってはっきりと論証された）と言って、中国・韓国などが外交ルートを通じて日本政府に抗議してきたのであった。これ、本来、信じられない暴挙である。

日本は、中国や韓国などの属国でも付庸国《ふようこく》でもない。植民地でもない。ゆえに、内政干渉される謂《いわ》れは少しもない。文部省による教科書検定は、明白に、日本の国内問題である。その国内問題に対して外国の権力者たる政府が、外交ルートを通じて抗議してくることは内政干渉にほかならない。

こんな国際法・国際慣行の初歩は、政治家・外交官たる者、とっくに百も承知でなければならないはずであった。そのはずであったのに、日本の外交官は外交を少しも知らなかった。あたかも、日本の経済官僚が経済を少しも知らないがごとく（前掲拙著参照）。

こんな内政干渉は聴く耳持たぬと、断乎《だんこ》として撥《は》ね返《かえ》せばそれで済むことを――。日本政府はそれをしなかった。中国など、天安門事件における権力の恣意《しい》による虐殺という人道問題すら、内政問題として列国の抗議を歯牙《しが》にも掛けなかったではないか。人道問題にかぎって「内政干渉」も許されるというのが現代国際法における確立された慣習であるのに――。

これに較《くら》べれば、教科書検定など、純然たる内政問題である。疑点は少しもない。その問題に対して、中国・韓国などは内政干渉をしかけてきた。その露骨な内政干渉に、日本政府は、唯々諾々《いいだくだく》として応じたのであった。日本政府の、かくまでも不思議な政策に、理非《りひ》を説き、決然と、職を賭《と》して猛反対した外交官は一人もいなかった。これぞ奇妙奇天烈《きみょうきてれつ》である。

諸悪の根源となった宮澤喜一官房長官談話

ときに、鈴木善幸《すずきぜんこう》首相は、秋に訪中を控《ひか》えていた。

外交音痴《オンチ》、いや外交無知の鈴木善幸首相には、ことの重大さが少しも思い浮かばない。このたびの訪中になるべく中国側の好意を獲得すること――。それだけしか念頭にはなかったのであった。

中国側の「好意」だけを期待してか、宮澤喜一官房長官は、理不尽《りふじん》も内政干渉も何のその、中国・韓国側のベラボーな要求をストレートに受け入れたのであった。前代未聞とは、このときのためにある言葉ではないか。

宮澤長官は、「政府の責任において（教科書の記述を）是正する」との談話を発表した。まったく必要もないことである。必要がないだけではない。これ以上の失政はありえない。ビスマルクは言った。「外交の要請で国内政治を麻痺《まひ》させることは愚《ぐ》の骨頂《こっちょう》である」と。日本政府は、何の必要もないのに、この「愚の骨頂」をやらかしたのであった。日本国民が、その恐ろしさに気づく暇《いとま》もない間に――。

宮澤長官は、「今後の教科書検定に際しては……検定基準を改める」という談話を発表したのであった。外国の圧力によって教科書の検定基準を改める！　これでも独立国か。惨禍《さんか》はここから発した。

外国の内政干渉によって教科書を検定する――爾来《じらい》これが不動の社会慣行となったのであった。付和雷同は日本企業の常。教科書会社も然《しか》り。

教科書会社は、教科書の検定基準は「前記の趣旨（近隣諸国との友好親善）が充分実現するように配慮する」という、名付けて「近隣諸国条項」を拳々服膺《けんけんふくよう》するようになった。すなわち、文部省の検定も俟《ま》たずに、「近隣諸国」の意図に阿《おもね》って、あるいは自主的に、自虐的・反日的記述を採用。かくて随所に自虐的表現を用いた教科書が氾濫《はんらん》するようになった。

宮澤談話こそ、歴史の転換点であった。昭和五十七年夏の宮澤談話を契機に、文部省教科書検定の機能が逆転したのであった。

それまでは、文部省による教科書検定の主機能は、いわゆる「進歩的文化人」の反日的筆勢から教科書を守ることにあった。今では、人も知るがごとく、戦後、「進歩的文化人」の反日的言動は目に余るものがあり、識者を顰蹙《ひんしゅく》させた。かかる「進歩的文化人」が教科書（特に歴史教科書）執筆になだれ込んできたのであった。当然、（歴史）教科書は反日的（日本が過去に行なったことはすべて悪い。日本史は罪悪の歴史である）とならざるをえない。マルクス史観、「東京裁判史観」がその根底をなすものとなった。

この反日的奔流を何とか塞《せ》き止《と》めよう。子どもがこんな教科書に毒されたのでは日本の将来はどうなることか分かったものではない。ここにこそ、文部省教科書検定の当初の主眼が置かれていた。

果然、「進歩的文化人」は、教科書検定を目の敵にした。教科書検定こそ、権力による教科書統制であると絶叫した。たとえば、かの家永三郎《いえながさぶろう》による「教科書裁判」。「進歩的文化人」は、家永支持に結集し、文部省攻撃の放列を敷いた。

つまり、「教科書検定」と言えば、文部省対「進歩的文化人」の対決図式と決まっていた。つまり、反日イデオロギーとそれを阻止《そし》しようとするイデオロギーとの闘争の場とされてきたのであった。どちらのイデオロギーを支持するにせよ、誰が見ても、右の図式の他には考えようがなかったのであった。

この図式が、昭和五十七年の宮澤談話によって一変した。

イデオロギーのヴェクトルの向きが逆転したのであった。それまで、文部省検定を恐れて反日的記述の筆を抑《おさ》えてきた教科書執筆者が、いっせいに、反日的記述に暴走するようになったのであった。こうなればもう、駟《し》（四頭立ての馬車）も舌《した》に及《およ》ばず（言葉の伝わるのは早い――『論語』顔淵《がんえん》）。ひとたび書かれた記述は一人歩きをし、自己増殖過程が拡大再生産されて、止めるに止められなくなってしまったのである。

※編集部注　朝日新聞は、二〇一四年八月五日付朝刊で、吉田清治に関する記事が虚偽であることを認め、その撤回を報じた。

平成5年(1993)	8月	NHKが『50年目の"従軍慰安婦"』を放映。政府、前年7月の報告書に続く形での従軍慰安婦に関する「最終報告書」を発表。問題の「強制連行」を示す証拠のないまま、河野洋平官房長官が謝罪。細川護熙首相、「先の戦争は侵略戦争であった」と発言。
平成7年(1995)	6月 7月 8月	衆議院で「歴史を教訓に平和への決意を新たにする決議」採択。 「女性のためのアジア平和基金」発足。 村山富市首相、「戦後50年に当っての首相談話」発表。
平成8年(1996)	6月 8月	橋本龍太郎首相、金泳三韓国大統領との首脳会談後、従軍慰安婦問題で謝罪。中学社会科検定済み教科書7社すべてに従軍慰安婦に関する記述が掲載されることが判明。 元慰安婦への「償い金」支給開始。橋本首相「おわびの手紙」公表。
平成10年(1998)	4月 10月	橋本龍太郎首相、『アジア欧州会議での日韓首脳会談』(ロンドン)で、歴史問題は語らず「日韓パートナーシップ」を提言。 小渕恵三首相、『21世紀に向けた新たな日韓パートナーシップ』共同宣言で、「韓国国民に対し、痛切な反省と心からのお詫び」。韓国国民に向けた「お詫び」を公式文書に明記。
平成13年(2001)	8月 11月	小泉純一郎首相、近隣諸国への配慮、靖國参拝を15日から13日に前倒し。 小泉純一郎首相は就任後初めて韓国を訪れ、植民地時代に独立運動家らが投獄された刑務所跡地にある西大門独立公園を訪れ、「心からの反省とおわび」を記者団に語る。
平成14年(2002)	9月	日朝首脳会談、小泉純一郎首相口頭で「反省と遺憾」。
平成17年(2005)	1月 3月 4月 5月	朝日新聞に自民党の安倍晋三氏と中川昭一氏がNHKの報道番組「戦争をどう裁くか　問われる戦時性暴力」に圧力をかけて番組内容を改変させたという記事掲載。安倍、中川両氏は記事内容を否定、NHKも同様に否定した。 島根県「竹島の日」条例成立に韓国「反日」過熱。韓国「竹島・歴史」謝罪要求。 小泉純一郎首相がインドネシアでのアジア・アフリカ首脳会議で再び過去に対する謝罪と反省の談話。韓国はこれを評価。 愛知万博視察で来日した中国の呉儀副首相が小泉首相との会談を突然キャンセル。会談直前の小泉首相の「靖國参拝発言」がその理由。

パターン化し、拡大再生産される「反日史観」の悪循環過程

昭和57年(1982)	6月	マスコミ各紙、「教科書検定“侵略→進出”書き替え」を報道。
	7月	中国、韓国が抗議。 「“侵略→進出”書き替え報道」はマスコミの誤報と判明。
	8月	宮澤喜一官房長官が「政府の責任で教科書の記述を是正し、検定基準を近隣諸国へ配慮して改める」旨の談話を発表。
	9月	鈴木善幸首相訪中、政府責任による教科書の記述是正を言明。
	11月	検定基準に「近隣諸国条項」を追加。
昭和58年(1983)		吉田清治という人物が、「私の戦争犯罪―朝鮮人連行」という著書の中で、「私は韓国で女性を強制連行して慰安婦にした」と「告白」。91年から92年にかけて朝日新聞が報道。 のちに秦郁彦氏が済州島へ行き調査した結果、まったくの作り話であることが判明。
平成元年(1989)	5月	「朝日ジャーナル」が『日本国は朝鮮と朝鮮人に公式陳謝せよ』との意見広告を掲載(以後、戦後補償についての論議が高まる。
平成2年(1990)	5月	盧泰愚韓国大統領が来日、海部俊樹首相が植民地支配を謝罪。
	6月	衆議院予算委員会で従軍慰安婦問題が採り上げられる(以後、国会で論争が展開される)。
平成3年(1991)	8月	「朝日新聞」が、『元朝鮮人従軍慰安婦　戦後半世紀　重い口開く』と題する記事を掲載。
	12月	元慰安婦と称する韓国人女性が補償を求めて東京地裁に提訴。
平成4年(1992)	1月	加藤紘一官房長官が「従軍慰安婦の募集や慰安所の経営等に旧日本軍が何らかの形で関与していたことは否定できない」との談話を発表。 宮澤首相が、日韓首脳会談で盧大統領に植民地支配と従軍慰安婦について公式に謝罪。
	7月	加藤官房長官が従軍慰安婦に関する政府の調査結果を公表。 この調査結果が「強制連行を裏付ける資料はなかった」としたことに、韓国政府が反発、追加調査を要求。
平成5年(1993)	3月	韓国政府が、従軍慰安婦について日本の教科書に記述することを要望。
	6月	高校日本史検定済み教科書7社9種類のすべてに、従軍慰安婦に関する記述が掲載されることが判明。

第3章

はたして、日本は近代国家なのか

——明治維新に内包された宿痾《しゅくあ》が今も胎動する

開国日本の悲願——不平等条約の改正

「従軍慰安婦」問題において強制連行の事実がなかったことは、すでに論証されていると第1章で述べた。同時にそうした言論、つまり「従軍慰安婦」問題はデッチ上げだという言論が、封殺されてしまう現代日本社会の問題点も指摘した。「強制連行はなかった」と主張しているのは産経新聞のみで、他の主要紙は藤岡信勝《ふじおかのぶかつ》教授らの論証を黙殺している。

「従軍慰安婦」問題だけではない。「南京大虐殺」もデッチ上げであることが、鈴木明《すずきあきら》氏（『「南京大虐殺」のまぼろし』）、山本七平《やまもとしちへい》氏（『私の中の日本軍』）、中村粲《なかむらあきら》氏（『大東亜戦争への道』）、冨士信夫《ふじのぶお》氏（『「南京大虐殺」はこうして作られた』）らによって論証されているにもかかわらず、教科書も大新聞もこうした言論を黙殺している。

文部省の役人も教師も新聞記者も、低能というわけではない。知的水準から言えば、日本人の平均以上の人びとである。そういう人びとが、明白に論証されている事実を理解しないのである。いや、しようとしないのである。これはどうしたわけか。これこそ、本章のテーマである。

答えを一言で言えば、日本教育システムにおける抜きがたい伝統主義——。

明治時代、日本に近代的教育システムが作られたとき、鞏固《きようこ》このうえない伝統主義が、しっかりと根を下ろしたのであった。

明治時代に濫觴《らんしよう》を発する（始まる）日本教育システムの本質は、根本においては資本主義の建設であり、政府の意図においては条約改正であった。

ご存じのとおり、安政の開国条約において日本は、屈辱的な治外法権《ちがいほうけん》の制度を押しつけられた。安政条約によって、日本の裁判所は、日本に滞在する列強の人びとを裁くことができないことになった。彼らは、どんな不法なことでもしほうだい、とまで言っても中《あた》らずと雖《いえど》も遠からず、そんな有り様。不平等条約の安政条約によって、イギリスやフランスは日本に軍隊を駐留させる権利を持っていた。中国とは違って租界《そかい》（列強各国が領事裁判権や行政権を持っていた区域。軍隊の駐留や経済活動に関する特権も認められていた）ができなかったのがせめてもの幸《さいわ》いと、胸を撫《な》で下ろしていた有り様であった。

日本産業の死活を制する輸入関税率も日本が決定できなかった。日本経済の命脈は外国列強の手中にあったとさえ言えよう。

日本は劣等国（後進国）扱いを受け、完全な独立国とは看做《みな》されていないのであった。一日も早く不平等条約を改正して完全な独立国になりたい。朝野《ちようや》（政府と民間）を挙げて日本人は渇望《かつぼう》した。

では、いかにすれば、不平等条約を改正して、治外法権の撤廃、関税自主権の回復を実現することができるのか。当時の非ヨーロッパ諸国にとっては、これは、とてつもない難問ではある。が、仮にそれが可能であるとするならば——。

資本主義国家になることである。

当時の非ヨーロッパ諸国が資本主義になることは至難の業《わざ》ではある。しかし、仮に資本主義になったとしたら——。その国は完全な独立国として認められ、主権国家として平等な条約が締結されるのである。これが、当時の国際法（伝統的国際法、古典的国際法）の原則であった。

略奪帝国主義と近代帝国主義の違い

当時のヨーロッパは、スペイン、ポルトガルのような旧帝国主義諸国が没落し、代わって、オランダ、フランス、イギリスなどの新帝国主義諸国が勃興《ぼっこう》し、世界に植民地を求めて逐鹿《ちくろく》して（争って）いた時代であった。

この新帝国主義は、旧帝国主義と、どう違っているのか。

旧帝国主義は、略奪帝国主義である。ジンギスカンの帝国主義と同じく、歴史とともに古い征服帝国主義である。ヨーロッパ人は、原住民は無《む》に等しいとして一切《いっさい》の権利を認めなかった。

勝手に土地を取り、財物を略奪した。原住民を自由に処刑し、恣意的《しいてき》に虐殺し、あるいは奴隷にして販売した。国際的には、無法が法であった。ヨーロッパ諸国の他に国家を認めなかった。しかし、資本主義が成立し発達してゆくと、このような略奪帝国主義は、資本主義に基礎を置く近代帝国主義より儲《もう》けが少ないことに気づくようになった。

植民地政策を改めなければならない。英仏はじめ帝国主義諸国は、資本主義が自由に羽根《はね》を伸ばせるように植民地政策を改めたのであった。では、どう改めたか。それは資本主義の強制である。資本主義の法を、あたかも自然法のごとくに、ヨーロッパ以外の国々にも押しつけることであった。

旧帝国主義時代とは違って、ヨーロッパ諸国以外の、「国々」を国家として認めない、というわけではない。まったく権利・義務を認めない、というのでもない。国際法の外に立たせるのでもない。無法が法というのでもない。しかし、無条件でヨーロッパ諸国と対等というのではない。完全な主権国家として取り扱うというのでもない。資本主義になった程度に応じて、国家として取り扱ってやろう。こういうことであった。

すなわち、通商を実行し保護する能力。これが間違いなく確実であれば、これを資本主義国家の証《あかし》として主権国家と認め、対等の条約を結んでやる。これがエッセンスである。

この通商能力が完全であれば（資本主義が成立していれば）、国家として認めてはもらえるのである。が、そんな国家、当時のアジア、アフリカ地域にあるわけがない。資本主義には無縁の衆生《しゅじょう》か、資本主義発生の緒《いとぐち》についたばかりというのが、せいぜい。だから、非ヨーロッパ諸国に通商能力を求めるなんて、「木に縁《よ》りて魚を求める」どころか、「木に縁りて鯨《くじら》を求める」ようなものであった。

いや、より正確に表現すると、アジア、アフリカ地域で繁栄している「諸国」といえども、前期的資本が支配する経済であった。すなわち、当時のアジア、アフリカ諸国には、資本主義が成立している経済はなかった。が、多くの諸国は、それぞれのレヴェルに発達した前期的資本を持っていた。換言すれば、通商能力がまったくない「国家」ばかりとも言えなかったのであった。

こんなときにどうする。通商能力はあるのだけれども、それが不完全な国家、すなわち前期的資本が、かなり発達して活動している国家をどうする。これが、新帝国主義時代の国際法(古典的国際法)が直面した課題であった。

当座の解答は——。不完全国家として取り扱う。これであった。まったく国際法の外《そと》に立たせて国家として認めない、というのではない。が、完全な国家としても認めない。

ヨーロッパ列強は、これらの「国々」と治外法権などを含む不平等条約を結んで、いわば半独立国・半植民地ということにしておいたのであった。これらの「半独立・半植民地」国の主権は、まったく否定するのでもないが、完全な主権国家とはしない。いわば半主権国家であった。

捩《ね》じ曲《ま》げられた古典的国際法

近代国際法の大原則からすれば、こんな鵺《ぬえ》のような半独立国家・半主権国家なんて、畸型《きけい》も畸型、本来、ありうべからざる存在である。

ローマ法王と神聖ローマ皇帝との権威を否定して生まれたのが、近代の主権である（ジャン・ボーダン『国家論』）。そのうえで、平等・独立の主権国家の関係を律する法規範の体系として国際法が成立した。それ以外の「国」なんて、国際法上、考えられないはずであった。

そのはずであったのに、アジア、アフリカなどのヨーロッパの外の世界では、そうではないことになってしまった。半主権国、半独立国などという何とも奇《き》妙《みよう》奇《き》天《て》烈《れつ》な「国家」が生まれてしまったのであった。

中世ヨーロッパにおける「無法の法」から（近代ヨーロッパ）国際法が生まれる契機となったのが、三〇年戦争の講和条約である一六四八年のウェストファリア条約であった。この条約はヨーロッパに新秩序をもたらし、後の「ヨーロッパ協調」の淵源《えんげん》を作った。

十八世紀以降、国際法の発達は急速となり、十九世紀に至って、平等な主権国家間の法としての古典的国際法（伝統的国際法）は、ほぼ完成をみた。

ところが、皮肉なことに、古典的国際法の大原則は、大きく捩《ね》じ曲《ま》げられることになったのであった。

近代国際法は、はじめ「ヨーロッパ公法」と呼ばれた。が、十八世紀末にはアメリカ合衆国が入ってきた。十九世紀には、相次いで独立した中南米諸国をもメンバーとして迎え入れた。国際法は、ヨーロッパ公法から世界の公法へと歩みはじめたのであった。

十九世紀後半になると、欧米諸国は、トルコ、中国、日本などのアジア諸国と条約を結ぶようになってきた。これらのアジア諸国は、それまでの欧米諸国とは違って、資本主義ではない前期的資本が支配する経済である。通商を実行し保護する能力は完全を期しがたい。まったくないとまでは言えないが、その程度は種々様々《しゆじゆさまざま》である。そこで、欧米諸国は、アジア、アフリカ諸国を劣等国（後進国）扱いし、欧米の文明国（先進国）とは差別して扱うことにした。

国際法は、先進国（欧米諸国）と後進国（アジア、アフリカ諸国など）との間の峻厳《しゆんげん》な差別を設定することになった。かくて、平等な主権国家の法であるべき国際法は、独立した主権国家と半独立の半主権国家との間の不平等をも含む法に転身したのであった。

屈辱の不平等条約を克服する鍵とは

欧米列強から、軍事力によって治外法権などの不平等条約を押しつけられた国の苦悶《くもん》と屈辱がどれほど痛切であったか。大東亜戦争以後に独立した国々には想像もできまい（大東亜戦争の結果、植民地主義の不平等条約は一掃されたのであった）。

不平等条約を強制された国は、列強《パワーズ》の国籍を持つ人の裁判ができないのである。列強は軍隊を駐留させることができるのである。列強の臣民《サブジェクト》は、無理無法のしほうだいであった。これに対して何もできない。日本人も中国人も屈辱に泣いた。中国で上海の租界内公園の入口には、「シナ人と犬、入るべからず」と掲示されていたと伝えられている。

不平等条約を押しつけた半独立国（半主権国）の人民なんか、列強にとって畜生《ちくしょう》同然であった。半人間ということか。人権も半分ということか。文明国（先進国）ではとっくに止揚《しよう》（克服）されたはずの「無法の法」が、半主権国たる劣等国（後進国）においては、依然として罷《まか》り通っていた。

では、かくほどまでに屈辱的である不平等条約を押しつけられた理由は何か。

資本主義でないからである。日本は、ことの本質に気づいた。何がなんでも、資本主義になってみせるぞ。日本はこう決意した。

では、資本主義になるためには、いかにすべきか。

まず、資本主義が機能しうるように、資本主義的な法システムを整備することである。次に、資本家と労働者を生むための教育システムを作りあげることである。そして、リベラル・デモクラシーが作動しうるような立憲政治を確立することである。

経済における資本主義と、法律における（形式合理的な）近代法と、リベラル・デモクラシーの政治とは、いわば三位一体《さんみいったい》である。それらのうちの一つが欠けても他の二者は必ずうまくゆかないことは、最近、ますます明らかにされてきたが、これぞ古今東西を問わず不滅の真理である。

なぜ、日本の法律は国民の役に立たないのか

日本は、明治二十二年から三十一年までの時期に、次々と法典を作った（憲法・民法・商法・刑法・民事訴訟法・刑事訴訟法の六大法典）。

明治政府は、主としてドイツとフランスの法典を模倣して、六つの基礎的法典を作った（川島武宜《かわしまたけよし》著『日本人の法意識』岩波新書）。これらの六つの基礎法典は、「従来の伝統から全く断絶し

た内容のものを外国――主としてフランスとドイツ――から学んで」(同右)作ったものであった。

明治政府が、かくほどの言語道断《ごんごどうだん》な法律を作った理由は何か。

「日本が列強に対し承認した屈辱的な治外法権の制度を撤廃することを、列強に承認させるための政治上の手段であった」(同右)

法典編纂《へんさん》が、日本国民の生活のためではなく、政治上の手段であった！　法律だけではない。教育もまた然《しか》り。豈《あ》に法律のみならんや。教育もまた、治外法権などの不平等条約を改正することを列強に承認させるための政治上の手段であった。

教育は本来、社会化(socialization)の一種である。社会化とは、社会の規範と生活能力とを人に内面化させるための方法である。社会化には多くのものがある。が、教育は、それらの中でも特に重要な方法の一つである。

教育とは、組織化された学習過程(ひとの行動様式を変えること)としての社会化過程である。手っ取り早く比喩《ひゆ》的に言うと、教育とは、適切な社会生活を営《いとな》めるようにする方法である。

これが、いわば「教育」の本来の目的であるが、日本における教育は、そうではなかった。教育の目的は、日本人に健全な社会生活を営ましめるにあるのではなく、列強に不平等条約を改正することを承認させるための政治上の手段となった。明治における新教育システムの樹立は、右の目的のために行なわれた。

この意味で、法典編纂と同型である。

日本教育システムの本質を理解するうえでも、法典編纂過程への一瞥《いちべつ》は不可欠である。鳥瞰《ちょうかん》を続けたい。不平等条約を撤廃させるために、ドイツ、フランスを手本にして、日本人の日常生活と何の関係もない西洋式法律を、無理矢理に輸入したのである。こんな話が伝えられている。

司法卿《しほうきょう》（法務大臣）江藤新平《えとうしんぺい》は、いきなり仏人法律家ボアソナードを招いて、日本の民法典の編集を依頼した。驚いたボアソナードが「日本の慣習も旧式（昔からのしきたり）も少しも知らないこのボアソナードが何で日本民法典の編集を！」と呆《あき》れて反論すると、江藤司法卿、少しも騒がず「なに、フランスの民法典をそのまま日本語に翻訳してくれればいいんだ」と答えたとか。

こんな神話が、広く流布された所以《ゆえん》は何か。

法律（制定）の目的が、治外法権をはじめとする不平等条約の改正であったからである。これが国策であるから、制定する法律は、ドイツ、フランス、イギリスはじめ資本主義先進国が納得するものでありさえすればよい。これなら資本主義に成れて、裁判をまかせても大丈夫であると列強に思わせたらそれで充分だ。日本人の生活のために、役に立とうが立つまいが、いっこうにおかまいなし。こういうことであった。

「これらの法律が西洋的なものとなったのは、（中略）法律を西洋的なものにするような現実的な或《ある》いは思想的な地盤が普遍的にあったのではなく……」（前掲『日本人の法意識』）

国民生活に関係のない法律（システム）を大至急に作るというのであった。

その目的は、「政治的な目的のために、これらの法典を日本の飾りにする」（同右）ことにあった。その政治目的とは、まずは不平等条約を改正して日本を完全な主権を持つ独立国にすること、究極的には資本主義にすることであった。

国民生活と無関係な法律を作ってしまった後遺症は、今も疼《うず》いているではないか。明治、大正、昭和の昔は言わずもがな。それが何より証拠には、日本では現在でさえ、「法律的」というと非現実的だということの代名詞になっているではないか。裁判は日常生活のためにはあまり役に立っていないし、紛争解決のためには、今でも、場合によっては法律よりもヤクザのほうが役に立つと言われているほどではないか。

その法律を、なんとか日本の実状に合わせようと、法律家は苦心惨憺《さんたん》した（末弘厳太郎《すえひろいずたろう》著『嘘の効用』日本評論社、川島武宜前掲書など参照）。それでも、なかなかうまくゆかない。てんでうまくゆかない。

なぜなのか――。出生の秘密というか、幼児体験というか。日本の法律は、どうしても日本の実状に合わないように出来上がっているからである。

今でも、日本の弁護士の数は約二万二〇〇〇人にすぎない。医者の一〇分の一以下。人口一人当たりの弁護士数となると、なんとアメリカの二五分の一。

アメリカでは、医者よりも弁護士のほうが多いのである。なぜ、アメリカの弁護士の数は医者より多いのかと質問したら、ある法律家氏、平然と答えていわく。

「病気をしない人はいるでしょう。けれども、他人と紛争を起こさない人なんていますか」

アメリカ人は、何かというとすぐ、弁護士を雇《やと》って裁判所に駆け込む。紛争が起きたときには、"consult my attorney" というのが、まず、口をついて出てくる言葉である。日本だと、「医者にかかる」(consult a doctor) という言葉はあるが、「弁護士にかかる」(consult an attorney) という言葉はないではないか。日本では、法律が、かくほどまでに疎外《そがい》されている。

欧米では、法律は社会の潤滑油《じゆんかつゆ》として、いや血液として、日常生活に欠くべからざる存在である。日本だと法律は、日常生活と関係のない存在である。いや、存在感がないと言ったほうがよい。いや、存在しないことをもってよしとする。

たとえば、役人の評価。アメリカで、「あの人は法律そのものである」「法律の権化《ごんげ》だ」と言えば、それは役人への最高の褒《ほ》め言葉。日本だとどうか。「あの人は法律そのものだ」「法律の権化だ」と評したらどうか。役人に対する最悪の罵詈《ばり》となる。

日本の教育システムが非現実的なものである理由

さて以上、日本の法律（制度）は、国民生活とは関係なく、不平等条約改正という政治目的のために作られたがゆえに、国民から疎外されてしまって今日に至る、と論じてきた。

日本の教育（制度）もまた然《しか》り。

日本の教育（制度）は、国民生活とは関係なく、不平等条約改正という政治目的のために作られたがゆえに、国民から疎外されてしまって今日に至る。

それが何より証拠には、日本では今に至るまで、「教育」と言うと非現実的だということの代名詞になっているではないか。この点、欧米の教育観とは対蹠的《たいしょてき》である。いわば正反対なのである。欧米、特にアメリカにおける教育の当初の目的は、社会で役に立つことにある。「よい教育を受けた人」とは、「たいへん役に立つ人」という意味である。

それもそのはず。教育は、社会化（socialization）の一種であることが理解されているからである。社会化とは、社会の規範と生活能力とを身に付けることである。ゆえにそれは、当然、社会で役に立つことである。この意味でそれは現実的なのである。もし非現実的であれば、それは即、社会化ではない。教育という社会化は、組織化された学習過程である。ゆえに教育は最重要な社会化の一つである。それが非現実的である（社会の役に立たない）ならば、それは教育としての意味をなさないのである。

ところが、日本の教育にかぎって、これとは違う。日本の教育システムの目的は、日本国民の社会化ではなくて、不平等条約の改正にあった。この点、法律システムの目的と同じ。このことは、すでにいくたびも強調した。が、ことの重要さは、いくたび繰り返しても繰り返しすぎることはない。

刮目《かつもく》すべき国民教育の普及

教育システムの目的はそうであったが、教育システムの導入自体は高く評価する人も多い。

たとえば、オクスフォード大学のコーリン・クラーク教授。

「彼（クラーク教授）は明治天皇は——あえて政治史に言及するまでもなく——単純に経済史の上においても忘れることのできない偉大な人物であることを強調した」（東畑精一《とうばたせいいち》著『日本資本主義の形成者——さまざまの経済主体——』岩波新書）

では、なぜ明治天皇はかくも偉大であるのか。教育の普及に大きな力を尽くしたからである。

「日本の経済発展の秘密を解く鍵《かぎ》は全く国民教育の普及にある」（同右）

国民教育の普及！

「これを国力の未《いま》だ整っていない時に見抜いて、早くも義務教育を強行したのは、経済史にとっても極《きわ》めて重要な点である」（同右）

東畑氏は「義務教育強行の前年たる明治十八年（一八八五年）における日本の有業人口（総人口にあらず）一人当りの年所得は、わずか二九円（昭和三十五年の貨幣価値に換算するとおよそ三万円）であったにすぎないのである」と、「まさに国力を越えて義務教育を整えたもの」であると刮目《かつもく》している（同右）。なお、明治十八年における二九円は、平成七年の貨幣価値に換算すると、およそ三〇万円ぐらいか。

「国力を越えて義務教育を整えた」のも、それが国策であったからである。国家が、条約改正、資本主義へ向けて猪突猛進《ちょとつもうしん》したからである。国家の強い意志がそこにあったからである。

おかげで、日本は、日露戦争（一九〇四年～〇五年）の前に、不平等条約をほとんど改正（治外法権の撤廃、関税自主権の一部回復）し、第一次大戦（一九一四年～一九年）の前の明治四十四年（一九一一年）に、すべてを改正した（関税自主権の完全回復）。これで、独立国家、主権国家となったわけである。

他方、国民生活と無関係な法律を制定しなかった「国々」はどうか。

かかる「国々」は、完全には、国家とは認められなかった。独立も主権も与えられなかった。

依然として、植民地、属国あるいは付庸国《ふようこく》のままであった。これらの「国々」が主権を与えられて独立したのは自力によるものではなかった。大東亜戦争の結果であった。

義務教育強行のおかげで、資本主義へ向けての日本の歩みは、確乎《かっこ》たるものとなった。資本主義にとって不可欠な（近代）労働者が、ふんだんに供給されるようになったからである。

このことの決定的重要さを論ずるに先立って、義務教育普及の過程を瞥見《べっけん》しておきたい。

明治五年（一八七二年）、学制を公布した。翌明治六年（一八七三年）には、小学校就学率は早くも二八・一パーセント（男子三九・九パーセント、女子一五・一パーセント）に達した。欧米先進国に較《くら》べても、驚くべき数字ではないか。いや、当時は、旧来の「寺子屋」なども存在していたし家庭教育も盛んであったから、実際の初等教育就学率は、右の「驚くべき数字」よりさらにずっと高かったものと思われる。

明治十九年（一八八六年）、四カ年の義務教育を強行した。強行された義務教育は国民に支持され、大多数の日本国民はこれを励行《れいこう》した。このことは、後進国（いわゆる発展途上国）において、「義務教育」を強制しても実行は困難であり、たいがい有名無実化することと著《いちじる》しい対照をなすことに注意しておきたい。

日本では、義務教育が強行された明治十九年の翌二十年には、小学校就学率は、早くも四五・〇パーセント（男子六〇・三パーセント、女子二八・三パーセント）にも達した。その後、就学率は急上昇していった。明治三十五年には九一・六パーセント（男子九五・八パーセント、女子八七・三パーセント）にも達した。明治四十一年（一九〇八年）には、義務教育の年限を六カ年に延長したが、この年の就学率は九八パーセントを超えていた。

日本では、義務教育就学率は、明治時代においてすでに、欧米先進国に「追いつき、追い越して」いたのであった。

急速に資本主義が育った戦前の日本

日本の資本主義化において、教育が決定的役割を演じたことについて論じた。初等教育だけでなく、中等教育、高等教育、実業教育についても目覚ましい改革がなされた。しかし、ここでは、諸外国における資本主義化との比較のため、さしあたっては、初等教育を中心にして論じておきたい。

欧米先進国と較《くら》べても優《まさ》るとも劣らない初等教育の普及は、絶大な成果を上げた。中等教育、高等教育、実業教育の充実と相俟《あいま》って、日本の「資本主義化」は急速に進んでいった。少なくとも現象的に見るかぎり、世界の称賛を浴びるに足るものがあった。生産、所得の急上昇は、言うも更《さら》なり。資本主義としてのメリハリが利《き》くようになっていたのであった。

戦時統制経済（ナチス経済を手本にした一種の社会主義。「一九四〇年体制」「昭和十五年体制」なども呼ばれる）に改革されるまでの日本経済は、着々と資本主義の諸特徴を備えつつあった。このことは、今日から振り返ってみても目覚ましいものがある。資本主義の諸特徴を振り返っておこう。

資本主義は、資本家と労働者の経済である。明治以来、発展してきて戦時統制経済に至る（昭和十五年＝一九四〇年頃）までの日本経済は、今よりもずっと資本主義らしい経済であった。資本家は資本家らしく、労働者は労働者らしかった。

資本家とは誰か。株主である。資本家は株を発行して産業資本を調達する。それでも足りない産業資金は、（さらにもっと産業資金が欲しければ）社債を売って足し前とする。株と社債は証券である。株と社債による産業資金調達を直接金融と呼ぶ。

戦前の日本企業の産業資金調達は、ほとんど直接金融に依《よ》った（八七パーセント＝日本銀行統計局『明治以降本邦主要経済統計』――野口悠紀雄《のぐちゆきお》著『一九四〇年体制――さらば「戦時経済」』東洋経済新報社）。

これぞ、資本主義の本領である。

また、資本主義の公式どおり、株主が取締役を雇って経営をやらせる。また、大株主が直接に経営にも参加した。株主総会は取締役に対して強い権限を持っていた。つまり、株主が企業を支配していたのであった。その反映として、獲得した利潤の大部分は、ただちに株主に配分され、配当率も高かった。

証券（株、社債）の自由市場も、着々と形成されつつあった。

資本主義の特徴（≒定義）として特に重視されるのが、自由市場としての証券市場と労働力市場の形成である。なお、以下の議論において、特に断わらなければ「市場」とは自由市場（模型《モデル》として考えるならば完全競争市場）を意味することにする。それ以外の市場に言及するときには、いちいち断わる。また、「労働市場」という用語で労働力市場を意味することにする。

労働市場も、しだいに形成されつつあった。労働者の勤務年限は短かった。すなわち、雇用調整のスピードは速かった。ご存じ、編集者など、赤鉛筆一本を耳に、クビになっても次の仕事はすぐに見付かった。新聞記者は、社から社へ、全国を股《また》に渡り歩いていた。職人、特に熟練職人もまた然《しか》り。労働市場は横断的（系列別でなくて全国的）であった。

資本市場（証券市場、特に株式市場）と労働市場の形成に特徴的に見られるように、明治以来の日本経済は、資本主義へ向けて一直線。そのように見えていた。それが確乎たる国策であったからである。教育の目的も、すべて、ここに集中していた。この目的へ向けての教育は、はじめ、大成功であった。少なくともそのように見えた。

初等教育普及の驚くべきスピードをもって顕《あらわ》れたことは、すでにコメントした。この成功によって、資本主義にとって必要不可欠な労働者が大量に供給され、その他の後進諸国とは全然違って、資本主義の礎石《そせき》は、がっちりと据《す》えられた。

日本資本主義、出生の秘密

では、資本家のほうはどうか。資本主義を構成する者は、資本家と労働者である。資本家は、どのようにして供給されたのか。

なお、以下の模型《モデル》（理念型）においては、資本家と経営者とは兼任しているものとする。その後、資本と経営の分離が強調されるようになったが、資本主義形成の初期において、両者は兼任していたからである。両者の分離を論ずるときには、特に断わる。

たしかに、明治維新は、徳川封建社会崩壊の結果である。

しかし、欧米先進資本主義国（特に英米）とは違って、その内部に封建制とは矛盾した新生産方法と生産組織とが充分に発達してきた結果ではない。欧米列強によって不平等条約を強制されたために、遮二無二《しやにむに》、資本主義に突進せざるをえなかった結果である。それゆえ、「多かれ少なかれ旧制度を継承しなければならなかった」（土屋喬雄《つちやたかお》著『日本資本主義史上の指導者たち』岩波新書）。継承された旧制度のなかで、特に重要なものは何か。支配階層としての武士である。

これこそ、日本資本主義の特筆すべき特徴である。西欧においては、資本主義の指導者は、商人、産業資本家などであった。

「わが明治維新においてその変革運動の指導権を掌握《しょうあく》したものは商人階級や産業家ではなく、主として武士殊《こと》に下層武士であった」(同右)

これはどういうことなのか。

「幕末より維新にかけての経済界の一大変動期に際して、旧幕時代以来の富商の多くは、或《あるい》は衰頽《すいたい》し、或は没落しなければならなかった」(同右)

つまり、「武士殊《こと》に下級武士が進歩的・指導的な役割をなした」(同右)のであった。

明治維新によって、武士は俸禄《ほうろく》と諸特権を失った。が、彼らのうちの、革新の気迫を持ち敢《かん》為《い》の精神に富み有能なる者は、新資本家などの資本主義の指導者に蟬脱《せんだつ》したのであった。つまり武士が資本家になった。資本家は武士から供給された。

これ、日本資本主義の出生の秘密か。幼児体験か。ことの重大さは、強調されすぎることはない。

日本資本主義は、この初期条件によって、その後もずっと大きく規定されることになる。この幼児体験が生んだ巨大な複合体《コムプレクス》は、今も日本資本主義の無意識の奥底に蟠踞《ばんきょ》し、日本資本主義の行動を支配するようになる。

かくて日本にフェティシズムが発症した

一八五三年（嘉永《かえい》六年）、ペリー・ショックによって、外的世界を知らないナルチシズム鎖国は、強制的に破られた。環境は、一気に崩壊した。落差はひどすぎた。ペリー・ショックに引きつづく屈辱的不平等条約。「日本人だけが人間」だと信じきっていた当時の日本人は、禽獣《きんじゅう》に等しき野蛮人に神州《しんしゅう》の地を汚《けが》されて、人格も一気に崩壊した。「人格分裂」の最悪の症因である。

結果、重症のフェティシズムが発症した。

フェティシズム——ふつう、それは「性倒錯《せいとうさく》（症）」と訳されているが、本来の意味はずっと広い。一般的には、「手段の目的化」のことを言う。たとえば、女性の下着（を脱がせる行為）は、本来、性行為という目的に達するための手段にすぎない。ところが、性倒錯者の中には、性行為（や女性の肉体）には全然関心がなく、ただ下着にだけ魅力を感ずる者がいる。

このように、性倒錯においては、手段が目的化する。これをフェティシズムと言う。

性倒錯はフェティシズムの範疇《はんちゅう》に入るが、フェティシズムは性倒錯に限らない。

フェティシズムとして、その他、重要なものとしては、物神崇拝《すうはい》がある。神を崇拝する手段として、神の姿に似せて偶像を作る。偶像に神を念じて崇拝する。本来、目的は神を崇拝することにあり、人間が作った偶像は、そのための手段にすぎない。ところが、フェティシズムが作動すると、人間が作った物にすぎない偶像が、神自身のように見えてくる。そう思われてくる。物《ザツヒエ》が呪物《フエーテイツシユ》（呪神）になる。

物が神となること、物神化《ぶつしんか》を、マルクスは「物化《ぶつか》」または「物象化《ぶつしようか》」と呼んだ。

たとえば、トーテム・ポールは、人間が作った、ただの物にすぎない。が、ひとたび物神化されれば、人間にはどうしようもない神様になる。人間の意志から独立した客観的過程、つまり、人間の判断を超越した存在となる。

トーテム・ポールなんか、本当は、人間が木で作った物にすぎないのだから、焼こうと壊そうと、まったく人間の自由。そんなことをしたとて、何の祟《たた》りもありようがない。

が、いったん物神化すればどうか。トーテム・ポールは神様なのだから、人間の力が、とうてい及ばない所に在《いま》します。そのように人びとには思えてくる。そうなると、人間の意志から独立した「客観的過程の法則」によって動くようになる。人間の意志では、どうしようもない。

このように、「人間諸個人の活動とその活動によって作り出されたものが、それにもかかわらず、当の主体である人間諸個人にとって、よそよそしい無関係なものとなり、まるで自然と同じように、われわれ人間諸個人の意志からは独立した客観的過程と化すこと」――マルクスはこれを「疎外《そがい》」と呼んだ（大塚久雄著『社会科学における人間』岩波新書）。

マルクスは、その一つの例として、市場における商品の価格を挙げている（同右）。

疎外が起きると、目的と手段とが倒錯される。ひとたび、ある手段が用いられると、それが物神化され自己目的化される。状況が変化しても、それを無視して同一の固定的反応が強迫的に繰り返されるようになるのである。目的が何であったかは、すっかり忘れ去られてしまうのである。

社会的事実《フエ・ソシアル》（fait social）が、雁字搦《がんじがら》めに人びとを呪縛《じゅばく》しつくすようになる。社会的事実は人の作為が及ばないものと看做《みな》される。マクス・ヴェーバーの言う「伝統主義」が猖獗《しょうけつ》をきわめる（はびこる）ようになる。

伝統主義の打破こそ資本主義成立の条件

「伝統主義」――ヴェーバー社会学における最も大切な分析法の一つである。

伝統主義とは何か。それは、「伝統を重んずる主義」という意味ではない。一概に〝伝統〟と言っても、よい伝統も悪い伝統もあるであろう。「よい伝統は守り、悪い伝統は棄《す》てる」というふうに合理的（目的合理的、あるいは価値合理的）に伝統の取捨選択を行うこと、これをヴェーバーは「伝統主義」とは呼ばない。よい伝統をいくら重んじたからとて、それは「伝統主義」ではない。

　では、伝統主義とは何か。過去に行われてきたというだけで、それを正しいとすることである。大塚博士は言う。

「ヴェーバーはゲーテのあの『永遠なる女性的なもの』をもじって、『永遠なる昨日的なもの』というおもしろい語を使っております」（大塚前掲書）

「永遠に昨日的なもの」が支配しているのが、伝統主義である。つまり、「過去に正しかったことは今も正しい」とするエトス（慣習）である。

「『伝統主義』とは何か。（中略）過去にやった、あるいは過去に行なわれたという、ただそのことだけで、将来における自分たちの行動の基準にしようとする倫理、あるいはエートス（エトス）です」（同右）

　資本主義より前の諸社会は、伝統主義が支配する社会である。伝統主義が人びとの行動の隅々《すみずみ》までを雁字搦《がんじがら》めに規定しつくしている。

　伝統主義の打破こそ、資本主義成立のための必要条件である。これこそ、ヴェーバー社会学の主テーマの一つである（『プロテスタンティズムの倫理と資本主義の精神』大塚久雄訳・岩波文庫）。伝統主義が打破されなければ、その他の諸要件（技術進歩、富の蓄積、商業の発達など）が、どれほど資本主義成立のために有利に整備されようとも、資本主義が成立することはないであろう。ヴェーバーは、世界史を渉猟《しょうりょう》してこのことを実証した。

シュンペーターは、資本主義の本質は革新《イノヴェーション》（innovation）にありとする。革新がなければ、利潤はゼロに収束する。利潤こそ資本主義の動因であるから、こんなことでは、資本主義は生き延びえまい。実に、革新こそ資本主義の生命である。

しかし、永遠の過去（過去にやってきたことは正しい）が支配しているとき、「これを変える」こと、すなわち「革新」は、ありえないのである。資本主義だけではない。近代法もリベラル・デモクラシーも、伝統主義を打破しないところにはありえないのである。

＊　＊

なぜか。専門的な興味のある読者のための大切な練習問題として、これは残しておきたい。
解答に至るためのヒントを出しておこう。
ヒント①――近代法の特徴の一つは、立法（法律を作ること）にある。伝統主義の支配する前近代には、「法律はそこにあるもの」であるとされ、立法の契機はなかった。たとえば、中世には法を作るという観念が、きわめて乏《とぼ》しく、法はあらかじめ慣習の中に存在するもの、問題に応じてそれが何であるかを見出せば、それによって問題は処理できると考えられた（福田歓一《ふくだかんいち》著『政治学史』東京大学出版会）。なお、反例として、中国の法家の思想との対比が興味深い。
ヒント②――近代リベラル・デモクラシーの要諦《ようてい》は何か。作為《さくい》の契機にありとされる（丸山《まるやま》眞男《まさお》著『日本政治思想史研究』東京大学出版会)。リベラリズムの要諦は、政治権力からの国民の諸権利の防衛にある。デモクラシーの要諦は、政治権力への国民の参加にある。人民が政治権力を作り、これを動かすことにある。もし、政治権力が、社会的事実として所与《しょよ》である(人間の意志ではどうしようもない。物神化されている)ならば、国民がこれを作り、動かすことなど思いも及ぶまい。

なおここに、重大なコメント。伝統主義の「系《コロラリー》」(派生的結論)として、臨機応変性・柔軟性の喪失、状況を無視した固定的反応、現実感覚の不全、すすんでは現実無視などが導出される。これは、変動期における日本のサラリーマンなどの組織人が常に直面する問題でもある。

さらに重大な伝統主義の「系《コロラリー》」。それは、そのひとたび作られた制度・組織・しきたりは、その目的がなくなった後までも維持される。有名な「パーキンソンの法則」が指摘するところでもあるが、手段が目的化されるからである。この理由により、機能を失った制度・組織・しきたりが、いかに多く維持されることか。

このように、伝統主義の惨禍《さんか》たるや、まことに凄《すさ》まじいものがある。機能を失った制度(疑似「制度」を含めて)、組織・しきたりが残存することによって、大変な反機能を撒《ま》き散《ち》らすことにならざるをえなくなる。

大東亜戦争でも起きた目的と手段の倒錯

さて、すでに論じたように、熾烈《しれつ》なペリー・ショックによって、日本人の人格が一気に崩壊することにより、「人格分裂」症は、病膏肓《やまいこうこう》に入《い》った。ここから、近代日本人の中に重症のフェティシズムが発症した。

フェティシズムの致命的な症候は、目的と手段との倒錯《とうさく》である。手段を目的だと思い込んでしまうことである。手段の物神化《ぶっしんか》である。人間疎外《そがい》である。

きわだって顕著《けんちょ》な症例として、われわれは大戦中の日本軍の行動に、これを見ることができる。例は、枚挙《まいきょ》に暇《いとま》がないほどである。呆然《ぼうぜん》とする例だけでもいくつか挙げておく。

たとえば、昭和十五年（一九四〇年）二月二日、第七十五帝国議会の開幕早々に行なわれた斎藤隆夫《さいとうたかお》代議士による質問演説。

ときに支那事変（日中戦争）は、すでに勃発以来二年以上を経《へ》ても、いっこうに解決の目処《めど》がつかなかった。日清、日露の両大戦の被害を上回る一〇万人以上の戦死者、その数倍の傷病者を出し、莫大《ばくだい》な国費を費《つい》やして、この為体《ていたらく》である。

何のために荏苒《じんぜん》として（なすこともなく）こんな戦争を続けるのか。戦争目的は何か。斎藤代議士は、戦争目的を政府（米内光政《よないみつまさ》内閣）に糺《ただ》したのであった。

斎藤代議士の詰問に対する政府の答弁は――。戦争目的は無《な》し。

政府答弁の主旨は、要するに「戦争目的は無し」、これに尽きる。まともに答弁ができる大臣は、米内首相はじめ誰一人としていなかった。「戦争と平和に関する御意見は同感である」と、米内首相は、とっさに答弁した。その意味は、もちろん、御意見どおり、戦争目的は無し、である。他の諸大臣にも、戦争目的とは何かについて答えられる者はいなかった。いや、本心では誰も、斎藤代議士の意見に同感であった。

控え室にひきあげた畑《はた》（俊六《しゅんろく》）陸相に武藤《むとう》（章《あきら》）軍務局長は、「斎藤ならあのくらいは言いますな」と苦笑し、畑陸相も「政治家というものは、なかなかうまいこと急所を突いてくるものだ」とうなずいた、とか（児島襄《こじまのぼる》著『天皇Ⅳ　太平洋戦争』文春文庫、あるいは拙著『田中角栄の遺言』クレスト社参照）。

国民に聖戦と呼ばせていた大戦争に戦争目的なし。呆《あき》れても、呆れ果て足りない話ではないか。いや、その実、摩訶不思議《まかふしぎ》だというのではない。これこそ、典型的なフェティシズムの症候である。

手段が目的化し、本来、あるべき目的は、きれいに消滅してしまっている。そして、そのことに誰も気づかない。精神病患者は自分が精神病であることに気づくことはない。それこそ、この人が精神病であることの一つの証明であると言われている。支那事変当時の日本は、紛《まが》うべくもなき重症の精神病であった。

この精神病は、戦後さらに悪化して死に至る病《やまい》になっていることは後に論ずる。

フェティシズムの症候としての「戦争の自己目的化」は、支那事変（日中戦争）だけではなかった。フェティシズムが痼疾《こしつ》（持病）となってしまっているのであるから、どの戦争もどの戦闘も自己目的化される。戦争は物神化されて、何のために戦うのかを、誰も意識することも考えることもなしに、ただ闇雲《やみくも》に、ただ無茶苦茶に戦いが続けられてゆく。

このフェティシズム症候群は、戦後の今も、消え去るどころではなく、大蔵省（現在、財務省）役人をトップとする経済官僚、厚生省（現在、厚生労働省）、文部省（現在、文部科学省）、外務省などの官僚どもの行動において、ますます歴然《れきぜん》たるものがある。

これらを分析するためにも、日本人による戦争（戦闘）群、特に、ノモンハン事件、ハワイ海戦（真珠湾奇襲）、マレー沖海戦、スラバヤ沖海戦、インド洋進攻作戦、珊瑚《さんご》海《かい》海戦、ソロモン諸海戦、マリアナ海戦、フィリピン海戦、シンガポール攻略戦、インパール作戦などに関する徹底的な反省・研究こそ焦眉《しょうび》の急《きゅう》である。

フェティシズムを病源とする日本人の構造的欠陥は、現在に至っても治癒《ちゆ》されていないからである。いや、死に至る病の病勢はますます進んで、命《めい》、旦夕《たんせき》に迫っているからである。

平成日本は世界で最も危険な国となった

ある人は言った。

「平成七年（一九九五年）は歴史的な年であった。この年、世界でいちばん安全であるとされてきた日本は、実は世界でいちばん危険であることが判明した」と。

カルト教団による無差別殺人である。世界中のどんなカルト教団でも、毒ガスによる無差別殺人ほどの暴挙は企《くわだ》て及ぶところではない。これほどのことを、秀才と称《たた》えられた選《え》り抜きのエリートが、命ぜられるままに条件反射的にやらかすまでに至ったのである。オウム事件は、エイズにおけるカリニ肺炎のごとく、日本社会の病根を白日《はくじつ》のもとに抉《えぐ》ってみせた。

また、阪神大震災の重大さもオウムに劣らない。阪神大震災の対応において、日本政府には危機管理能力が絶無であることを世界が知ったからである。

三重《さんじゅう》の「税金泥棒」と言われる「官官接待」は、この年、流行語となった（毎日新聞社会部『醜い官僚たち――「官官接待の闇」』に収められた事例は、氷山の一角にすぎない）。

この平成七年が暮れて平成八年（一九九六年）が明け、やれやれと胸を撫《な》で下ろす暇《いとま》もあらばこそ――。さらにずっと深刻な事件が、踵《きびす》を接して起きてきたのであった。

薬害エイズ事件によって、厚生省は実は殺人省であったことが判明した。

こんなことでは、日本にいるかぎり生命の保証はないと戦慄《せんりつ》していたら、日本国自体の生命も危ないのである（住専事件を象徴とする一連の金融・経済スキャンダル）。

これらの諸事件そのものよりも、さらに重大なことは――。

大蔵省役人をトップとする経済官僚が、少しも経済を理解していない。あたかも、大東亜戦争のときの軍事官僚（高級軍人）が少しも戦争を理解していなかったごとくに――。

戦争指導者たる軍事官僚は少しも戦争を理解していなかった。だから日本は戦争に敗けた。当然のことでしょうが。操艦《そうかん》を少しも知らない人が艦長（船長）になっているような話ではないか。

いまや、経済を少しも知らない経済官僚が日本経済を支配し指導しているのである。操縦を少しも知らない人が機長（主操縦士）になって飛んでいる飛行機みたいな話ではないか。

日本がどうなるか。日を数えて待つのみ、ではないか。

なぜ、努力目的と正反対の結果が生じるか

ではなぜ、軍事官僚（高級軍人）は、戦争を少しも理解しえないまでに成り果てたのか。

彼らこそ、戦前・戦中のエリート中のエリートであり、元来、最も頭のよい才能のある人びとではなかったか。そのうえ、彼らは、全身全霊を集中して戦争研究に専念した。彼らは、自分たちだけが戦争の専門家であるとし、外からの批判を寸毫《すんごう》も受けつけないほど自信に満ちていた。その「戦争を最もよく知っている」はずの人びとが、豈《あ》に図《はか》らんや、戦争を最も知らない人びとであった。

この摩訶不思議《まかふしぎ》な事象の解明こそが、現在日本の緊急的要請である。現在の経済官僚の思想と行動とは、往時の軍事官僚のそれらと同型だからである。

「むかし軍隊、いま大蔵省」と言われるように、明治の昔、天下の人材が挙《あ》げて軍隊に殺到したように、戦後の人材は経済官僚に集中するようになった。なかでも、大蔵官僚は、ベスト・アンド・ブライテストと言われている。

彼らは、金融機関の統制を通じて日本経済を支配するようになった。そして、経済のことは俺たちに任せておけと日本経済の船長気取りである。だから、私的企業に細かい所まで嘴《くちばし》を入れてくる。それでいて外からの批判となると、条件反射的に拒否反応を起こすように出来ている。

それなのに、今や、彼らこそ経済をいちばん知らない人びとであることが白日《はくじつ》のもとに露呈された。なぜ、かくまでも奇妙奇天烈な事態が起きたのか。

殷鑑《いんかん》遠からず、戦前日本の軍隊にあり。

一連の証券・金融スキャンダルに始まり、いまや、大蔵省役人に罵詈雑言《ばりぞうごん》の放列《ほうれつ》が集中するようになってきた。これらの讒謗《ざんぼう》に対する彼らの答え――。まことに日本的で面白い。いや、ものごとの本質を解くプロセスの三番叟《さんばそう》がある。

非難された役人どもは、口を揃《そろ》えて言う。「わたしはそんな悪人ではありません」と。彼らを擁護する人びとも異口同音に言う。「付き合ってみると気さくな人柄の人だ」とか何とか。「オレの親友だ」とか何とか。「とてもそんな悪いことができる人間ではない」というのが擁護論のオチである。

嘘は少しもないとして――。だから問題は根深いのだ。よい人でもあれほどの極悪なことをしでかすのであれば、悪い人ならどんなことをするのか⁉ 日本を敗戦に追い込んだ軍人たちは、戦意が不足でもなく、努力が不足でもなかった。ただ、誠心誠意、全力を挙げて戦争に勝つために敢闘した。その結果、日本は戦争に敗けてしまった。

なぜ、かくほどまでに努力目的と正反対の結果が生じたのか。彼らの努力が適切でなかったからである。戦闘行為が戦闘目的へ向けて集中されていなかったからである。ではなぜ、このようなことになってしまったのか。

戦訓に学ばない——日本軍に巣食う伝統主義

フェティシズムの症状として戦闘が物神化《ぶっしんか》され、伝統主義が蔓延《まんえん》することになったからである。「過去に正しかったことは今も正しい」とする伝統主義がはびこったら戦争は敗けである。それに決まっている。

『戦争論』で知られるクラウゼヴィッツ大将は、あるとき決然として言った。

「予想もしなかったことが次から次に起きるのが戦争である」「戦争において予測できることは唯一つしかない。それは、予測をしなかったことが起きるという、このことだけである」と。

ゆえに、戦争に勝つ秘訣《ひけつ》は、新事実から学ぶ、ということである。戦訓から学ぶということである。

クラウゼヴィッツの言からも明らかなように、戦闘には、畢竟《ひっきょう》、事前の指針なんかありえようはない。試行錯誤こそ戦闘の本領である。あたかも経済における市場法則のごとくに（いや、市場法則の要《かなめ》たる淘汰《とうた》は、戦闘の譬《たと》えによって説明される）である。このとき、錯誤から学んで新試行を行なうところに戦勝の要諦《ようてい》がある。

しかし、フェティシズムによって伝統主義に金縛《かなしば》りになった日本軍は、少しも戦訓から学ぶということをしなかった。この点こそが米軍と決定的に違う。作戦失敗や敗戦はどちらの側にもある。しかし、米軍は同じ失敗を二度繰り返すことはなかった。なぜか。負ければ敗因を徹底的に研究して、万全の策を講《こう》じてくるからである。

例は、あまりにも多くて取捨選択に迷う。最重要の例を一つ挙げれば、かの空母を中心とする機動部隊。日本の機動部隊によって、米太平洋艦隊はパール・ハーバーで全滅した。これを見て米海軍は、全盛をきわめた大艦巨砲主義（首領はプラット大将）を捨て、空母中心主義（さらに、戦闘機中心主義）に転向した。そして雲霞《うんか》のごとく押し寄せる米機動部隊の前に、大和《やまと》・武蔵《むさし》を擁《よう》する日本艦隊は全滅したのであった。

思い起こす。敵の将軍・提督は、日本軍に敗けても敗けても、案外に平気であった。その理由は——。日本の指揮官はけっして戦訓に学ぶことをしない。いつでも型どおりのやり方を性懲《しょうこ》りもなく繰り返してくる。われわれのほうは、失敗から学んでこれを待ち構えているから、結局、最後に勝つと。

ここに、大東亜戦争の真の敗因があることは、今となっては周知《しゅうち》ではある。

しかし、日本軍の戦訓拒否症、試行錯誤不能症について説明されたことはなかった。分析されたことはなかった。事実そのものが厳存《げんぞん》していても、これを分析、説明して広く日本国民に知らせなければ、貴重な事実も、やがて時間の闇《やみ》の中に埋没し、歴史の靄《もや》の中に消えてゆくにちがいない。本書の目的の一つは、この貴重な事実を分析し説明するにある。

「伝統主義の幽霊」は、今も健在である

これまでの諸準備と諸補助線によって、本書は、これらの総合的な分析、説明をなしうる段階にきたようである。

これまでも、部分的には分析し、論じてきたが、ここにまとめて総合すれば次のごとし。

大東亜戦争における日本軍の戦訓拒否症、試行錯誤不能症は、日本軍に瀰漫《びまん》（はびこる）した伝統主義の結果である。「過去に正しかったことは今も正しい」という伝統主義からは、戦史から学ぶという契機は生まれようがない。戦術・戦略における革新は不可能なのである。

なお、本書は、伝統主義の「系《コロラリー》」（派生的結論）として、臨機応変性・柔軟性の喪失、状況を無視した固定的反応・現実感覚の不全、すすんでは現実無視などを強調した。

これらの諸特性をいかに多く、大東亜戦争における日本軍の行動にエトスを発見して、日本人は戦慄《わなな》くことであろう。

しかし、このような方法論的分析を進めてくると、これは昔のことならず。伝統主義の幽鬼《ゆうき》は依然として現在日本に健在である。伝統主義の金縛りは、今もって解けてはいないのである。

たとえば、元ソロモン・ブラザーズ・アジア証券東京支店長、ダテル氏は、官僚化した日本の金融機関（Japanese financial Institutions　JFIと略称）について論じた。彼は、多くの事例について研究して、日本の官僚制および官僚化した企業組織について驚くべき大発見をした。いわく、「（ビジネスなどの）失敗に関しては誰にも責任を取らせていない。市場での失敗から学ぶことをしない……」

このようなことは、資本主義では考えられないことである。しかし日本では、このような無責任体制が支配していたのであった。

しかも、それでいて他方、彼の結論は、「ただ一つだけ許されない種類の失敗がある。それは官僚的な〝シキタリ〟を破ることである」（E・R・ダテル著『昇らなかった太陽』三原淳雄・土屋安衛共訳・ダイヤモンド社）。

「シキタリを破ることだけが許されない」――ダテルは、日本の官僚化した企業組織に、紛《まが》うべきもない伝統主義を確認したのであった。

〝シキタリ〟とは、「過去において正しいこと」である。それを今も「破ることを許されない」とは、「今も正しい」ということにほかならない。伝統主義は、官僚や官僚化した企業組織に、今も脈々と生きつづけているのである。

ヴェーバー、大塚も強調しているように、伝統主義を根絶することこそ、資本主義成立のための（必要）条件である。

日本は、明治維新以来、資本主義へ向けて長足《ちょうそく》の進歩を成し遂《と》げてきた。進歩のほどは目を見張るに足るものがあり、戦時統制経済（一九四〇年体制）による大逆転がなされるまでは、現在なんかよりもずっと資本主義的であった。

しかし、日本経済は、その最も重要なところで、資本主義への突破を成し遂げていなかった。資本主義成立のための必要条件を、まだ満たしてはいないのであった。日本における資本が、実は前期的資本であるのも、また宜《むべ》なるかな。

右にダテルの著を引用したのは、「資本主義」に生きる伝統主義が、資本主義の住人には、いかに異様に映ずるかを際立《きわだ》たせるためである。

資本主義に跳梁《ちょうりょう》する伝統主義がどんなに異質的なものであるか、誰しも容易に看取《かんしゅ》しえよう。「日本資本主義に幽霊が出る。伝統主義という幽霊が出る」とでも言うべきか。

機能を失ったシキタリ制度の害悪

日本「資本主義」に対する伝統主義の破壊力たるや、まさに凄絶《せいぜつ》なものがある。

たとえば、日本の銀行である。日本資本主義は製造業で保《も》つが、銀行の伝統主義のために気《き》息奄々《そくえんえん》たるものがある。ソ連では死に絶えたスターリニズムが、日本では生きている。日本の大学と銀行である。戦後の日本では、「銀行は作らず潰《つぶ》さず」という〝シキタリ〟が確立した。

戦前の日本では、「銀行が潰れる」ことが日常茶飯事《さはんじ》であった。

リスク無視↓不良債権増加↓銀行の危機↓取付け↓経営不能

こういう過程で銀行は破産した。

銀行が破産して預金者は塗炭《とたん》の苦しみを嘗《な》めた。銀行の統合が進んだ。戦時統制経済のための社会主義化において、軍事産業に自由に潤沢《じゅんたく》に資金を供給するために、産業資金の調達は、直接金融（株などの証券を売ること）から間接金融（銀行の貸出し）へと転換した。

大蔵省などの経済官庁による日本経済支配は、間接金融統制を通じて行なわれた。この金融システムは戦後も維持され、戦後の経済復興と高度成長のために役立った。

この経緯から、「銀行は作らず潰さず」の〝シキタリ〟制度（疑似制度）が作られた。〝シキタリ〟制度は、ひとたびそれが作られるや「正しい」とされる。伝統主義が横行している日本資本主義では、正しいとされたことは、その後も正しさが保持されることになる。そのために、制度は機能を失っても残存する。

このことを、よく立証しているのが、日本の銀行システムという「制度」である。この銀行システムは、戦争の要請のために作られ、戦後も維持され、戦後の経済復興と高度成長のために重要な役割を演じた。そのために、〝シキタリ〟制度（疑似制度）となってしまったのである。この〝シキタリ〟の一つが、「銀行は作らず潰さず」、いわゆる「護送船団行政」などに代表される大蔵省による銀行の過保護である。

しかし日本経済が復興し、高度成長が成し遂《な》げ《と》られることによって、そのために維持された日本の銀行システムは使命を終えた。すでに目的を達成したのである。大蔵省による過保護は、もはや必要としなくなったのである。

ところが、伝統主義が支配する日本資本主義においては、過去に正しかったことは今も正しい。機能を失った「制度」、〝シキタリ〟も、そのまま残存する。まことに、伝統主義こそ「慣性の法則」（ニュートンの運動の第一法則）なのである。

機能を失った「制度」は、凄《すさ》まじい反機能を撒《ま》き散らすことになる。大蔵省の過保護は、日本の銀行に救いがたいモラル・ハザード（倫理の危機）を生むことになった。

「モラル・ハザード」とは、経済では、企業が経営努力を（あるいは、家計が消費努力を）怠《おこた》るようになることを言う。経済主体（企業、家計）がモラル・ハザードを起こすまでに倫理的に頽廃《たいはい》したのでは経済的損失が大きいから、経済学はモラル・ハザードが起きないために研究おさおさ怠《おこた》りない。

日本の銀行は、どうせ最後は大蔵省が助けてくれるのだと、ロクな調査もしないで、無闇矢《むやみや》鱈《たら》と危険きわまりない貸付けをし、そして破綻《はたん》した。この金融危機については、とっくに皆様ご存じのとおり。が、杜撰《ずさん》な貸出しの挙げ句の果ての破綻。ということだけであれば、いわば金融危機の典型であって、欧米資本主義のどこにでもあることである。

たとえば、一九八〇年代におけるアメリカの金融危機は次のように起きた。

一九八〇年の保証限度額引上げによって預金保険があまりに受けやすくなった。過剰保護である。これをよいことに銀行は、危険でも何でも、審査もいいかげんに、貸して貸して貸しまくった。モラル・ハザードである。そして当然、大量の不良債権が発生した。多くの銀行が破産しそうになった。

ここまでは、日本の金融危機と似ている(過剰保護の主体だけが違っていた)。だが、そこから先がまるで違った。

アメリカでは、「自由市場が作動しなくなったから金融危機が起きた」のだと分析された。企業に過剰保護なんか与えるから、モラル・ハザードが起きて、企業は経営努力をないがしろにするようになる。市場淘汰《とうた》がされにくくなる。無責任体制が蔓延《はびこ》る。これが金融危機の原因である。アメリカ人は、朝野《ちようや》を挙げて、こう考えた。資本主義者なら、当然、こう考える。

それでは、解決策は——。

市場原理を復活させよ。市場を自由に作動させて市場淘汰がなされるようにせよ。

これが当然の論理である。つまり、資本主義の本領に帰れ。経営が破綻した銀行は、バタバタ破産した。あるいは吸収合弁された。責任者は起訴された。彼らの多くは有罪となり収監された。とは言うものの、金融危機は深刻であった。放置しておけば、アメリカの金融システムは崩壊しかねない。

政府は選別救済の政策を採《と》った。潰すべき銀行は潰す。自力で立ち直れる力のある銀行は政府も助ける。「政府は自ら助くる者を助く」(The government helps those who help themselves)。国民の血税を投入する以上、当然、この覚悟がなければならない。

これが資本主義である。アメリカ以外の資本主義諸国の対応も、基本的にはこれと同じであった。

日本だけが違った。経営破綻した金融機関は無差別に救済された。責任者は厖大《ぼうだい》な退職金をせしめて悠々《ゆうゆう》と自適していった。

日本に生きつづけるスターリニズム

あれほどの金融危機にもかかわらず、アメリカをはじめとする資本主義諸国とは違って、日本においては市場原理が復活することは、ついに、なかった。ひとたび導入された「スターリニズム」（例、銀行は作らず潰さず）は、あれほどの金融危機を乗り越えて、不思議に（いや、当然のこととして）、生命《いのち》長らえたのであった。

その理由は何か。伝統主義が支配しているからである。資本主義においては、とっくに克服されているはずの伝統主義が、依然として暴威《ぼうい》をたくましゅうしているからである。「スターリニズム」も、それをスターリンが採用した当時においては、五カ年計画の完遂《かんすい》、ソ連を社会主義の軌道に乗せるという重大な機能を持っていた。が、スターリンの死後、機能を喪失した「スターリニズム」は、「いったん決まったことは、事情が変わっても絶対に変えない」という、伝統主義の因循《いんじゅん》姑息《こそく》な形骸《けいがい》となって残った。

日本に生き延びた「スターリニズム」も、またこれと同じ。

それにしても、資本主義諸国とは違って、なぜ、日本にかぎって伝統主義がこれほどまでに跋扈《ばっこ》しているのか。外見上、日本資本主義は、戦前すでに高度の発達を遂げていたのではなかったか。資本主義としての諸特徴も整備されつつあったのではなかったか。戦後の経済復興も目覚ましく、さらにその後の高度経済成長によって、最先進国アメリカに追いつき追い越せとなった。日本経済は隆盛をきわめるとさえ見られ、アメリカ以外の諸先進国はすでに追い抜いたとまで言われ、アジア諸国の模範とまで言われたのではなかったか。

それなのに、日本には伝統主義が今も支配的であり、諸資本は実は前期的資本であり、いまだに資本主義ではないとは！　一体全体どういうことなのだ。

誰しも訝《いぶか》るであろう。なぜ伝統主義の息の根が止められないのだと。そこで、次に近代日本の本質とは何かを論じる。

第4章
なぜ、天皇は「神」となったのか
——近代国家の成立には、絶対神との契約が不可欠

鎖国に戻ろうと考えていた日本人

すでに論じたように、熾烈《しれつ》きわまりなきペリー・ショックによって、日本人は耐《た》えがたき屈辱を強制され、ナルチシズム的鎖国の夢を貪《むさぼ》っていた日本人の人格は一気に崩壊した。重病の人格分裂症が発症したのであった。

分裂した人格を再統一し、崩壊した人格を再構築することが、緊急の要請である。何がなんでもやらねばならぬ。大至急に。

川島武宜《かわしまたけよし》博士は、日本が大急ぎで法典編集に乗り出したのは、この要請からである、と論じた。日本が西洋式の法律を急造したのは、国民生活のためではない。社会に必要であったからでもない。不平等条約の改正（屈辱からの自由）のためであった。

日本が、大至急、義務教育を普及せしめ、中等・高等・実業教育を整備したのも、同じ要請からであった。憲法を発布し、立憲政治を敷《し》いたのも、同じ要請からであった。

何がなんでも、一日も早く資本主義に成らねばならぬ。

ペリー・ショック――それは武力による強制であった。戦国時代の狂瀾《きょうらん》怒濤《どとう》を氷結した徳川幕府（丸山眞男教授の講義「東洋政治思想史」）にとって、武力による強制の意味を理解することは容易であった。この点、中国、インド、トルコなどのアジア諸国、エジプトなどのアフリカ諸国とは違う。アメリカの原住民とは、もっと違う。大坂城の豊臣秀頼《とよとみひでより》に無理難題をふっかけて攻め殺した徳川幕府ではないか。武力をバックにする要求の前に、何も無力であることを覚《さと》るのに時間はかからなかった。厳重な鎖国をしていた日本は、たちまち開国した。

開国した日本人側の意図は何か。

文化交流か——。

ノー。多くの日本人は夷狄《いてき》たるアメリカ人なんか禽獣《きんじゅう》（鳥や獣）に等しいと思っていた。

経済交流か——。

ノー。開国によって金銀が流出し物価が騰貴《とうき》したと、人びとは開国を恨《うら》んでいた。鎖国の一つの理由は、日本経済は自給自足であるというにあったから、経済交流は必要ではないのである。

では、日本人にとっての開国の理由は何か。

ズバリ、軍備充実である。ペリーの黒船を見て、とてもかなわないと日本人は悟《さと》った。いまの日本の軍事力だとペリーに征服されてしまう。アメリカに征服されたくなかったら……。開国して軍事技術を輸入して、日本も黒船を建造しうるようになることである。

これしかない——と、日本人は、たちまち覚った。

開国して軍事技術を輸入して、欧米に拮抗《きっこう》しうるほどに軍備が充実したら……。もとの鎖国に戻るつもりであった。西洋の諸文化や経済は日本に必要ではない。はじめ、日本人は、こう考えていた。「東洋道徳、西洋芸（科学）」「機械芸術（科学技術）彼《かれ》に取り、仁義道徳我《われ》に存す」という、橋本左内《はしもとさない》や佐久間象山《さくましょうざん》の言葉が、この間の事情を雄弁に語っているであろう。

ところが、イザ開国してみると、「黒船を造る」ことは、そんなに容易でないことが判明した。不平等条約の改正にも、欧米列強は、簡単に応じないことも明らかになった。不平等条約を改正して、主権を持つ独立国に成りたかったら、資本主義になって出直してきなさいと！

日本人の人格を再統一した大日本帝国の建設

軍備を充実させるためにも資本主義化は緊急の要請である。このことを、骨身に染《し》みて覚った日本は、なりもふりもかまう暇《いとま》もあらばこそ、資本主義一直線。法律も教育も立憲政治も、国民生活や社会とは無関係に一向《ひたすら》この目的のために作られたのであった。そして外見上は目覚ましい成果を上げた。

これが、ペリー・ショックとその後の屈辱的開国の強制に対する日本の「反射《リフレクス》」(reflex) であった。アメリカ原住民は言うに及ばず、他のアジア、アフリカ諸国とも、あまりにも異質的な反射ではないか。結果はどうか。他のアジア、アフリカ諸国の場合ともあまりにも違う結果であった。

日本は、（外見上）資本主義化し、強い軍事的威力によって、屈辱的不平等条約をはねのけて、欧米諸国以外の国では初めて、主権を持つ独立国となった。

近代日本の初期条件、出生の秘密、幼児体験は、決定的な複合体《コムプレクス》を、日本人の集団的無意識の中に蟠踞《ばんきょ》せしめることになった。あたかも、ユダヤ教におけるモーセのごとくに（フロイト『人間モーセとユダヤ教』）。

ペリー・ショック（と屈辱的開国）によって崩壊した人格を、再建し、重症の精神分裂症に応急の手当てを施《ほどこ》したものは何か。ペリー・ショックへの答えは何か。

大日本帝国の建設であった。

聳立《しょうりつ》する（そびえ立つ）巍然《ぎぜん》たる大日本帝国の威容の中に日本人の人格は再統一された。自分とは誰か。当時の日本人にとって最初の反射は「大日本帝国の臣民である」。日本人は、大日本帝国臣民として自己確認することになったのであった。

「たれが統領に王冠を与えたのじゃ？　戦場の勝利じゃ！」（ヴォルテール『マホメット』――鶴《つる》見祐輔《みゆうすけ》著『ナポレオン』潮文庫）

ナポレオン帝国が七つの戦勝の柱（アルコレ、リヴォォレ、マレンゴー、アウステルリッツ、イエナ、フリートラント、ワグラム）の上に建てられたごとく、大日本帝国は、日清、日露の戦勝の上に建てられた。ここのところを、しっかりと腑《ふ》に落とし込んでおかないと、近代日本の本質が理解できない。現代日本の世界にも奇妙な特性も理解できっこない。敷衍《ふえん》しておきたい。

なぜ、立憲政治はキリスト教的神を必要としたか

近代国家としての大日本帝国の濫觴《らんしょう》（事始《ことはじ》め）は何か。丸山眞男教授は、明治二十一年六月、枢密院《すうみついん》の帝国憲法草案審議会の劈頭《へきとう》における伊藤博文《いとうひろぶみ》議長の憲法制定の根本精神についての所信披瀝《ひれき》を分析して言う。

「伊藤は日本の近代国家としての本建築を開始するに当たって、まずわが国のこれまでの『伝統的』宗教がその内面的『機軸《きじく》』として作用する意味の伝統を形成していないという現実をハッキリと承認してかかったのである」（『日本の思想』岩波新書）

ヨーロッパにおける憲法政治（立憲政治）の基礎には宗教という機軸がある。機軸としての宗教が深く人心に浸潤《しんじゅん》し、人心が宗教に帰一《きいつ》している。だから、立憲政治はうまくゆく。

それなのに日本ではどうか。どの宗教もその力は微弱であって、どれも立憲政治の機軸として機能しうるものはない。さすがに、維新元勲の一人たる伊藤博文の慧眼《けいがん》、立憲政治

（民本主義政治《デモクラシー》）の本質を見抜いていたのである。

はじめに、なぜ、立憲政治（憲法政治）は、機軸としてキリスト教的神を必要とするのか。このことから、考えはじめたい。

立憲政治すなわち憲法政治とは、憲法をもって根本規範とする政治のことである。この際、憲法（根本規範）は、主権者と人民との間の統治契約である。この統治契約が根本規範であるためには、それは絶対でなければならない。

絶対契約という考え方は、啓典《けいてん》宗教（ユダヤ教、キリスト教、イスラム教）に由来する。啓典宗教における契約は、本来、神と人間との契約である。ゆえに、その契約（命令）は絶対である。神との契約が宗教の根本にある。ユダヤ教、イスラム教においては、神との契約が（宗教の）戒律であり、（社会の）規範であり、（国の）法律でもある。戒律、規範、法律は同一である。

仏教においては、仏との契約という考え方はない。ありえない。はじめに「法」があって、この「法」を悟った者が仏となる。この考え方を「法前仏後」という。「法」は仏といえども如何《いかん》ともできない。はじめに「法」ありき。

啓典宗教においては、法（戒律、規範、法律、すすんでは、社会法則、自然法則、超自然法則）もまた、神の創造による。神の意志によって作られたものである。仏教的表現を用いれば、「神前法後」。だからこそ、神の意志によって契約が結ばれる。すなわち、絶対者との契約があり、これによって法が作られるのである。これに対し、仏教においては、仏といえども「法」を作ることはできない。だから、「仏との契約」を宗教の根本にするという考え方は無意味である。「絶対契約」は発生の余地がないのである。

儒教にも、聖人との契約という考え方はない。ありえない。聖人孔子でさえも、「述《の》べて作《つく》らず、信じて古《いにしえ》を好む」(述而《じゅつじ》 第七)とあるように、道(規範、倫理)の創造者ではない。道は、三皇五帝《さんこうごてい》の昔から、それとなく伝えられてきたものであって、契約という意志決定によるものではない。儒教にも、絶対契約という考え方は、発生の余地がない。絶対契約という考え方は、啓典宗教固有のものである。

ゆえに、絶対契約としての統治契約たる憲法は、啓典宗教の他の宗教のもとでは成立しえない、と言えよう。では、絶対契約という考え方がありさえすれば憲法は成立しうるかといえば、そうとも言えない。絶対契約は、はじめ神との契約であり、タテの契約であった。

憲法が成立しうるためには、タテの絶対契約(神との契約)が、ヨコの絶対契約(人と人との間の契約)に転換されなければならない。西方キリスト教諸国においては、資本主義発生期に、この転換が行なわれた。資本主義における契約は、対等な両当事者(two parties)の間の合意に基づくヨコの契約(人と人との間の契約)であるが絶対である。統治契約たる憲法もこれと同じ。

したがって立憲政治（デモクラシー政治）は、その機軸に宗教がなければ機能しえない。ゆえに、その国の宗教が立憲政治の機軸となりうるかどうか。それを見きわめることが先決である。第二次大戦後、旧植民地の指導者は、このことに気づかなかったゆえに、政治の立憲化（デモクラシー化）に失敗している。旧植民地が独立するや、旧宗主国を見ならって、いや、ときにはそれ以上に、デモクラシーそのもののような憲法を作る。が、たいがいの場合、こよなくデモクラティックな憲法は、さっぱり機能しないのである。そして、軍部独裁やら何やらデモクラシーとは無縁の政治体制へと、なだれ込んでゆく。インドネシア然《しか》り、フィリピン然りで、例外がきわめて少ないことは、よくご存じのとおりである。

第二次大戦後すら、かくのごとし。明治二十一年（一八八八年）憲法草案審議に際して、早くも「立憲政治の前提として宗教なからざるべからず」と気づいた伊藤博文の眼力《がんりき》、知るべきのみ。

天皇を立憲政治の機軸とする

しかし、日本に宗教は無い。どの宗教も、立憲政治の機軸とはなりえないのである。「深ク人心ニ浸潤《シンジュン》シテ、人心此《コレ》ニ帰一《キイツ》セリ」（同右）というようにはなっていないからである。

では、伊藤をはじめとする日本の指導者はどうしたのか。皇室（天皇）をもって、立憲政治の機軸とすることにしたのであった。

「我国《ワガクニ》ニ在《アツ》テ機軸トスヘキハ、独リ皇室アルノミ」（同右）

かくて、皇室（天皇）は、「ヨーロッパ文化千年にわたる『機軸』をなして来たキリスト教の精神的代用品」（同右）とされることになったのである。立憲政治のためのキリスト教の代用品――。これが、大日本帝国における天皇の役割であった。

この驚くべき（いくら驚いても足りない）方法に対して、すぐさま疑問が出てくるであろう。そんなことが可能か。天皇がキリスト教的神に成るなんていうことが本当に可能なのか。啓典宗教（ユダヤ教、キリスト教、イスラム教）の信者ならば、言下《げんか》に、そんなことはありえないと断言するであろう。

天皇がキリスト教的神になるということは、王権神授説とも違う。天皇の権力は、神が授《さず》けた、というだけでなく、天皇は現人神《あらひとがみ》（神であり人である）というのだから、これは、カルケドン信条（四五一年。「キリストは真に神であり、真に人である」）と同じである。

キリスト教においても、カルケドン信条に達するまでには、厖大《ぼうだい》な神学的議論が戦われ、多くの公会議が開かれ、おびただしい血が流されたのではなかったか。たとえば、コンスタンチヌス大帝自身が議長として司会した「ニケア公会議」の決議「ニケア信条」に対してさえ、アリウスはじめ、反対者は後を絶たないではないか。ずっと後世、宗教改革の時代になっても、キリストの神性を否定する者は、続出した。セルヴェートは、ニケア公会議を無効だとし、三位《さんみ》一体説《いったいせつ》を否定した。そこで、カルヴァン（カトリック教会ではありませんぞ）は、セルヴェートを捕えて火刑にした（シュテファン・ツヴァイク著『権力とたたかう良心』高杉一郎訳・みすず書房）。

カルヴァンがセルヴェートを焚殺《ふんさつ》した理由は、彼が「アリウス的異端」であったからである。宗教改革の時代になってさえも、「キリストを神とはしない」というアリウス派の教義《ドグマ》は、宗教戦争最中のカトリックとプロテスタントが協力して焼き殺さなければならないほどの力を秘めていた。というのは、「キリストは神にして人、人にして神」という現人神《あらひとがみ》の教義《ドグマ》は、神学的に難解をきわめ、たいへんな困難を内包しているからである。ユダヤ教やイスラム教が、キリスト教を攻撃するときの最大の争点も、ここにある。

これらのことに考え及ぶと、天皇が、キリスト教的神、特に「カルケドン信条」的神に、突然、なったことは、世界史の奇観《きかん》と言わなければなるまい。なぜ、これほどのことが、実際に起こりえたのか。

このことを本格的に論ずるためには、独立した浩瀚《こうかん》な書物、いや、少なくとも数冊の書籍を必要とするであろう（たとえば、拙著『奇蹟の今上天皇』ＰＨＰ研究所、同『天皇恐るべし』文藝春秋、特に、同『「天皇」の原理』文藝春秋など参照）。本書の趣旨からして、ここで詳細に立ち入る余裕はない。論旨のエッセンスを要約して先へ進みたい。

天皇観の二重性――熱狂と無関心

皇室は、立憲政治確立のために、キリスト教の代用品になることとなった。しかし、その道は、坦々《たんたん》たるものではなかった。その神学的理由についてはすでに触れた（後に詳論する）。その他、実際的理由もある。武家政治の時代はあまりにも長く（およそ七〇〇年間）、「権力における天皇」という考え方は、民衆の脳裡《のうり》からは、ながく払拭《ふっしょく》されたままになっていたからである。「天皇」を知らない人びとは、一般民衆の中では、むしろ多数派であった。

このことは、武士以上、一部農商民以上では、尊皇《そんのう》思想が支配的となり、スーパー・フィーバーとなり、熱狂的空気《ニューマ》となって、澎湃《ほうはい》として全国を覆《おお》いつくしたことと、極端な対照をなす。立憲政治の機軸たる天皇は、この極端な、天皇観の二重性からスタートしたのであった。

すでに、天皇絶対の宗教理論は、崎門学《きもんがく》（山崎闇斎を始祖とする学派・後述）の業績を中心にして幕末までに完成していた。

幕末になると、尊皇思想は、滔々《とうとう》として全国を流しつくし、この勢いに抗することは不可能になっていた。幕府には幕府の尊皇があり、親藩《しんぱん》にも親藩の尊皇があった。尊皇思想は、草莽《そうもう》の孤臣《こしん》の独占物ではなくなっていた。尊皇思想は、乾坤《けんこん》に漲《みなぎ》りきっていたのであった。

それでいて、尊皇思想の流通範囲は、武士や富農あたりまでを限度とし、まだ、一般庶民の多数にまではゆきわたっていなかった。江戸時代、いやそれ以前、元寇《げんこう》（十三世紀後半）を最後に、何百年にもわたって、天皇は将軍の陰《かげ》に隠れた存在となっていたから、大多数の庶民には「天皇の存在感」がなくなっていたのであった。

そこへ、明治維新。

明治維新の奇蹟——。ヨーロッパや中国の史観では、どうしても説明できないことがいくつか起きた。そのうちの一つ、武士が武士階級を廃絶したことは、マルクス史観では説明困難なことではないか。いや、まったく説明不可能ではないか。マルクス模型《モデル》と正反対のことが起きているではないか。

武士が、なぜ自《みずか》らの階級を廃したか。崎門《きもん》の学（後述）の展開なくしては、これはありえなかった。崎門の学は天皇を、予定説を担《にな》うキリスト教的絶対神の高みに昇らせた。天皇は近代的絶対君主であり、日本の主権は天皇が持つ。ゆえに、武士階級の存立の余地はない。武士階級は、歴史的にやむをえざる理由によって発生したのであって、本来は在《あ》るべからざる存在である。

当然の帰結として、崎門学派、およびその影響下にある諸学派（水戸学など）は、この意見を遵守《じゅんしゅ》した。たとえば、頼山陽《らいさんよう》。

「われ将門《しょうもん》の史を修め、平治・承久の際に至り、未《いま》だ嘗《かつ》て筆を舎《す》て歎《たん》ぜずんばあらざるなり」（頼山陽著『日本外史』頼成一《らいせいいち》ほか訳・岩波文庫）

有名な言葉である。朝廷が失政によって実権を失って政権が武士に移ったことを、はなはだ残念であると歎《たん》じているのである。これ、ひとり、頼山陽だけではない。崎門の学の影響を受けた尊皇思想家（浅見絅斎《あさみけいさい》、栗山潜鋒《くりやませんぽう》、吉田松陰《よしだしょういん》など）の一致した意見である。このように、崎門模型《モデル》によれば、天皇の命令によって武士階級を廃止することは容易に説明できるのである。

効果の薄かった天皇PR

一方、民衆は――。

「天皇」は東京（もと江戸）において不人気であった。江戸市民は、江戸が「東京」なんていうものになったことに不満であった。「明治」を「治《おさ》まる明《めい》」（治まるめえ）と逆さに読んだりした。江戸城の前の狆《ちん》の絵に「江戸城は、狆《ちん》（朕）には大きすぎる」との讃《さん》をいれた錦絵《にしきえ》がベストセラーになった。政府から招待されて日本へやってきたドイツ人医師ベルツ博士は、天長節《てんちょうせつ》（天皇誕生日）の日に国旗を掲《かか》げる家がないのを見て、「これほど自分たちの君主に対して不敬な国民は見たことがない」と言って呆《あき》れた（『ベルツの日記』菅沼竜太郎訳・岩波文庫）。

人びとは歌った。

「やれやれ皆さん聞いてもくんない、天朝《てんちよう》御趣意はまやかしものだよ、高天原《たかまがはら》ではのど口ぬれない、立派じゃけれどもないしょがつまらん」（羽仁五郎「明治維新における革命及び反革命」——雑誌『新生』昭和四十六年正月号——井上清著『天皇制』東京大学出版会）

人びとは、このような「阿呆《あほ》だら経《きよう》」を作って、「天皇」をバカにしたりした。

尊皇主義の権化《ごんげ》のような政府は、必死になって「天皇」を人民にPRしたが、あまり効果はなかった。「天皇」という存在について何も知らなかったからである。

「いわゆる王政復古の当時、一般人民は天皇について殆《ほとん》ど知らなかった。……まして人民は天子様の御恩など毛頭《もうとう》知らなかった」（同右）

それゆえ、新政府のなすべき最初の仕事は、「天子様とは何か」——これを人民に教えることであった。

「明治元年三月新政府の九州鎮撫《ちんぶ》総督が管内の人民に発した諭書《ゆしよ》には、『此《この》日本と云《い》う御國には、天照皇太神宮《あまてらすこうたいじんぐう》様から御《おん》つぎ遊ばされたところの天子様と云うものがござって、是《これ》が昔からちっとも変わったことのない日本國のご主人様じゃ（略）』と天子様というものを人民に紹介し押しつけなければならなかった」（同右）

天皇のおひざもと京都でさえ、「天皇」は庶民にまでゆきついていなかった。

「千年以上も皇室のひざもとの京都市民さえ、先には天皇を出そこないの鳳凰《ほうおう》が焼野《やけの》の雉子《きじ》になっておいまくられると歌い、王政復古当時にも、『我々は天皇から一銭の御救いを受けたこともなく少しの御厄介《ごやっかい》になったこともなく、自分の働きで自分の世渡りをし、さらに御恩をこうむった覚えなし』」（同右）

などとほざくありさまであった。

幕末期、すでに全国を覆《おお》いつくした尊皇思想も、庶民への普及、未《いま》だし。こんなことでは、天皇は、キリスト教の代用品として立憲政治の機軸になるなんて思いも及ぶまい。「深ク人心ニ浸潤《シンジュン》シテ、人心此《コレ》ニ帰一《キイツ》ス」というのにほど遠いからである。

現人神《あらひとがみ》は唯一絶対神にあらず――伊藤博文のジレンマ

では、明治日本の指導者はどうしたか。

このことと、その後への影響を分析することこそ本章の大切なテーマであるが、その前に、追加を少し述べておく。「天皇は、当初、少しも大多数の民衆のなかには浸潤していなかった」――このことの認識が不充分だと、理解が先に進まないからである。

国民への天皇ＰＲのクライマックスは明治天皇の地方巡幸《じゅんこう》であった。国民は天皇を歓迎し、地方巡幸は成功だと看做《みな》された。が、実態はどうか。政府の意図としての「成功」とは、あまりにも懸《か》け離れたものであった。

国民は天皇を一種の〝神様〟として受けとめた。明治維新イデオロギーの教義は、「天皇は現《あら》人神《ひとがみ》である」というにある。では、民衆が「天皇は神である」と受けとめれば、天皇のＰＲはそれで成功か。

とんでもない。「神」という意味が、まったく誤解されているからである。立憲政治の機軸としての天皇は、キリスト教的（カルケドン信条的）現人神でなければならない。

しかし、地方巡幸で民衆が天皇に見た「神」は、それとは、ほど遠い神であった。それは、原始神道的な、素朴きわまりない神であった。

伊藤博文も論じているように、こんな「神」は、とうてい、立憲政治の機軸となりうる神ではない。

ひとくちに〝神様〟といっても、啓典宗教（ユダヤ教、キリスト教、イスラム教）における唯一絶対神とは違う。

日本の〝神〟は、八百万《やおよろず》の神のうちの一柱《ひとはしら》にすぎない。わが国には「神」といっても、ピンからキリまであるのだ。

本来、「天皇」は、皇祖皇宗《こうそこうそう》とならんで、主神の一柱でなければならない。稲荷大明神《いなりだいみょうじん》などの神様にも正一位《しょういちい》という高い位を授ける「より上位の最高神」（のなかの一柱）でなければならない。それであればこそ、キリスト教の絶対神の代用品として立憲政治の機軸となりうるのである。伊藤博文などの維新の元勲たちは、慧眼《けいがん》にも、このように考えていたのであった。

　ところが、そのように受けとめてくれた日本人民は、あまりいなかったのであった。そんなにありがたい神様だと言われたものだから、天皇が入浴したあとの湯を飲んだり、治病の薬として使ったりする者も多かった。こんな神様は、淫祠邪教《いんしじゃきょう》の類《たぐい》である。

　儒教では、特に、この類の「神」を忌《い》み嫌《きら》う。カルヴァニズムは言うも更《さら》なり。儒教イデオロギーに立脚した尊皇家たる政府高官はさぞ困ったことであったろう。

「天皇」を「天王《てんのう》」だと勘違いした人も多かった。日本語には、同音異語が多い。意味がまったく違うのに。

「天王」は、インドにおける最低の神である。その「天王」が日本に入ってくると、さらに卑俗化した。庶民は、インドの原産地にはない国産「天王」をたくさん作った。これらの「天王」は、親しまれていたが、あまり尊敬されていない。

　明治の初期や中期には、半文盲《もんもう》やほんとうの文盲がかなりいた。音《おん》が同じである「天皇」と「天王」の区別などできない。これらの人びとは、「天皇」を新手《あらて》の「天王」の一種かと思った。そう思われたのでは、立憲政治の機軸になどは、なれない。

日清戦争の勝利で天皇は「神」となった

こんな「天皇」をして、御稜威《みいつ》（天皇の御威光）も赫然《かくぜん》たる大日本帝国天皇とした契機は、まず、日清戦争の大勝であった。

有史以来、中国は、日本人にとって「ギリシア兼ローマ」であり、「世界そのもの」であった。明治以前、日本人は、世界には、日本と唐《から》（中国《シナ》）と天竺《てんじく》（インド）の三つしか国がないと思い込んでいた。唐と天竺のうち、唐はたしかに存在する。唐《とう》へ行って帰ってきた日本人がいることが何よりの証拠。だが、天竺（インド）となると、そこへ行って帰ってきた日本人は一人もいない。天竺は実在の国なのか、それとも「極楽浄土」のごとき想像が生んだ国なのか。そのところがもうひとつ、はっきりしなかった。

そうなると、唐《から》（中国）が世界そのものということにならざるをえない。その唐だが、あまりにも大きく文化も高かった。そのうえ、聖賢《せいけん》の国でもある。三王《さんのう》（夏《か》の禹王《うおう》、殷《いん》の湯王《とうおう》、周《しゅう》の文王《ぶんおう》）、周公《しゅうこう》（旦《たん》。文王の子）、孔子など、聖人はみんな中国人《シナ》である。日本には、聖人はいわずもがな、孟子《もうし》、朱子《しゅし》に匹敵《ひってき》する大賢人も一人もいない。

だから、中国こそ世界そのものなのだ。何がなんでも中国にかぶれさえすればそれでよい。

日本至上主義者として特筆される山崎闇斎《やまざきあんさい》さえも、「われ過《あやま》たば朱子《しゅし》とともに過《あやま》つべし」と言って、朱子を「神のごとくに」崇拝した。

いわんや、一般の日本人においてをや。東京に留学して西方の故郷に帰る学生を「君は聖人の国に近づけてうらやましい」と言って友人たちは見送ったとか（尾崎行雄《おざきゆきお》・談）。明治になってかなり経ってからも、この有り様。日本人の中国崇拝は、骨がらみ（重症）というか、何ともかんとも深く広いものがあった。

これらのことを思い出すとき、日本の日清戦争における勝利は、破天荒《はてんこう》とも何とも言いようのないものがあった。

意識の上においては、蟷螂《とうろう》（かまきり）が竜車《りゅうしゃ》に勝ったというか何というか。

その中国（清）に「天皇の軍隊」は勝った。海に陸に連戦連勝して、中国の都・北京《ペキン》へ一撃指《いちげきし》呼の間《かん》に迫ったのであった。直隷《ちょくれい》の野に清軍を覆滅《ふくめつ》し、北京占領も間近だと思われた。兵を洛《らく》邑《ゆう》（中国の都）に入れることは、中国周辺諸民族の何千年の夢である。日本人とても例外ではない。日本人が、北京占領を目前にして狂喜したのも無理はない。

天皇の軍隊は、豊太閤《ほうたいこう》（豊臣秀吉《とよとみひでよし》）も成しえなかった偉業を成《な》し遂《と》げた。庶民は「人間の常識を超え、学識を超えて、日本世界を征服す」と思ったことであろう。日本軍は、当時の日本人の意識では世界の都である北京占領を目前にして、それをしないで兵を収めた。

天皇と天皇の軍隊のカリスマは沖天《ちゆうてん》した。

奇蹟である。何が宗教を作るか。奇蹟である。日本国民は、「天皇は神である」ということの意味をやっと理解した。天皇は、断じて、そのあたりにたくさんある「天王」の類《たぐい》の「神」ではない。宇宙の最高神である。カルケドン信条におけるがごときキリスト教的神である。

天皇は「深ク人心ニ浸潤《しんじゆん》」していった。「人心」もようやく「此《これ》ニ帰一《きいつ》」するようになった。ここに立憲政治の機軸ができたのであった。

「何が王冠を与えるか。戦場の勝利である」（ヴォルテール）

「天皇」は、威風堂々《いふうどうどう》たる絶対君主となった。「ここに至って、国家秩序の中核自体を同時に精神的機軸とする方向において収拾されることになった」（丸山前掲書）。

そこへ、青天《せいてん》の霹靂《へきれき》のごとく、突如として三国干渉。ロシア、ドイツ、フランスの三国が、遼東半島《りようとうはんとう》（日清戦争の講和会議で結んだ下関《しものせき》条約――馬関《ばかん》条約――で、日本が清国から割譲《かつじよう》させた）を日本が領有するのは東洋平和に害があるから、中国へ返せと言ってきたのだ。

戦勝の美酒に酔《よ》いしれていた日本の朝野《ちようや》は愕然《がくぜん》とした。三国干渉といっても、ロシアが音頭《おんど》をとったに決まっている。日本人は、「ロスケめ」と息巻いたが、いかんせん力不足。このとき、ロシアに勝てる見込みは少しもなかった。当時は帝国主義の全盛期で、欧米列強は、世界制覇を目差して逐鹿《ちくろく》していた。なかでも侵略のチャンピオンは、イギリスかロシアか。

開国した日本も、これら二国を特に恐れた。当時の雑誌の悲憤慷慨《ひふんこうがい》調の文章が、その間の事情をつぶさに伝えている。「熟《つらつ》ら宇内《うだい》（天下）の大勢を察するに、北に露鷲《ろしゅう》あり西に英獅《えいし》あり、虎視眈々《こしたんたん》として常に我後《わがしりえ》を窺《うかが》う。先にはポーランドの分割さるるあり、近くは印度《インド》の併呑《へいどん》さるるあり」（生方敏郎《うぶかたとしろう》著『明治大正見聞史』中公文庫）などの文字が、ほとんど毎月、出ていたという（同右）。

帝国主義諸国のなかでも、イギリスという獅子《しし》とロシアという鷲《わし》が特に恐ろしい。ポーランドやインドが征服されたように、日本もいつやられるのか分かったものではない。日本人は、戦々兢々《せんせんきょうきょう》としていた。そのロシアが日本へ強圧をかけてきたのである。もはやこれまで。日本は涙を呑《の》んで三国の要求を入れ、血で購《あがな》った遼東半島を中国へ返した。

史上空前の高度成長

それからの日本は、長蛇《ちょうだ》ロシアをしとめるべく、国を挙げて臥薪嘗胆《がしんしょうたん》。遺恨《いこん》十年一剣《いっけん》を磨《みが》いた。

この間ロシアは、着々とアジア侵略の歩武《ほぶ》を進めてきた。北清事変をチャンスとばかり、満洲を軍事占領し、三国干渉で日本が中国に返した遼東半島まで奪《うば》ってしまった。

日本人は、歯軋《はぎし》りして悔《くや》しがり、ロシアを不倶戴天《ふぐたいてん》の敵と念じた。とは言っても、当時のロシアは、侵略的帝国主義の一方の横綱である。そう易々《やすやす》と討ち取れる相手ではない。

明治三十五年（一九〇二年）、日本は、もう一方の横綱イギリスと軍事同盟を結んだ。三国干渉では、外交の恐ろしさを痛感したからである。戦争に勝っても外国の干渉で戦勝の成果を捥《も》ぎ取《と》られるかもしれない。当時ロシアはフランスと同盟を結んでいたから、日本がロシアを相手に戦えば、背後からフランスに襲《おそ》われないとも限らない。この時代、フランスは陸軍超大国であった。ロシア一国でもまるで勝てそうにもないのに、フランスと束《たば》になられては――。そんなことが起きないように、つまりフランスに対する牽制《けんせい》策として、日本はイギリスと軍事同盟を結んだ。日英同盟である。これで背後は固まった。

一〇年間にわたる必死の努力が実って、海軍は六六《ろくろく》艦隊（世界のトップクラスの戦艦六隻、装甲巡洋艦六隻）を完成させ、陸軍は十三個師団を整《ととの》えた。驚くべき高度成長である。「高度成長」といえば戦後日本経済の十八番《おはこ》だと思っている人もいるかもしれないが、日露戦争前の一〇年に、日本はすでに、歴史に類《るい》を見ない軍事的高度成長をやってのけたのであった。日清戦争当時、戦艦・装甲巡洋艦は一隻もなく、陸軍は六個師団にすぎなかったことを思えば、信じられない高度成長ではないか。

そのうえ、陸軍の新しい一個師団は、日清戦争当時の一個師団に較《くら》べると二倍以上強力になっている。今や、陸軍の実力は、日清戦争当時のそれに比して、少なくとも、五〜六倍以上強力になっていた。

それでも、ロシアの軍事力とは較べものにならない。海軍はロシアの四割、陸軍は一割くらいである。国力となると、軍事力の格差とも較べものにならないほど開いていた。この時代、まだGNP（国民総生産）の計算法は確立されていなかったから何倍とも言えない。この頃よく、日露国力の比は、京釜《けいふ》鉄道とシベリア鉄道の比であると言われたものであった。ロシアは、延々八三一四キロのシベリア鉄道をほぼ完成させていたのに、日本は、わずか四五〇キロの京城《ソウル》・釜山《プサン》間の鉄道を敷くのさえやっとのことであった。

巨鷲《おおわし》のようなロシアに、燕《つばめ》くらいの日本が勝てるか。日本がロシアに勝てるなど、誰も考えつかない。しかし、「明治三十六年の初め頃には、露西亜《ロシア》と戦うべしという議論が段々盛んになった」（生方前掲書）。合理的に考えれば勝つ見込みもないのに、なぜ、開戦論が盛んになったのか。天佑神助《てんゆうしんじょ》を恃《たの》んだからである。

ここがポイント。これが近代日本の幼児体験となる。

日清戦争の前の日本人ならば、こうは考えなかったろう。日清戦争によって元寇《げんこう》の際の「神風」が思い出され、日本の圧勝によって神国日本が確認された。神の子（孫）天皇が治める神国日本には奇蹟が起きる。奇蹟よ、もう一度。

「先方が国富み兵強ければ、此方《こなた》には大和魂《やまとだましい》と天佑とがある。日本は神国だ。いざという場合になれば、奇蹟的の勝利を得て見せよう、という愛国的信仰から発した勇気だった」（同右）

天佑による奇蹟的勝利！

天皇という宗教が、駸々乎《しんしんこ》として「深ク人心ニ浸潤」してゆく有り様、手に取るようではないか。大日本帝国臣民としてのエトス（精神）が形成されつつあった。「人心」は、ようやく「帰一《きいつ》」されつつあった。

ロシアは、満洲だけでは満足しないで、朝鮮に入ってきた。何しろ、侵略の名人ロシアのことである。朝鮮征服は時間の問題であった。

神国・日本の誕生

日本は、存亡を賭《と》して戦わないわけにゆかなくなった。かくのごとくに推移していったならば日本もいつか併呑《へいどん》されるであろう。「ただ空《むな》しく手を束《つか》ねて併呑されてしまう位《くらい》ならば、我《われ》らは全滅するまでも戦わなければならぬ」（同右）。

元老筆頭の伊藤博文は、金子堅太郎《かねこけんたろう》に言った。

——日本中で誰も、この戦争に勝てるなんて思っている者はいない。満洲にいる日本陸軍が全滅し、連合艦隊が全滅して、ロシア軍が上陸しようとしてきたら、妻には兵隊のための飯炊《めした》きをやらせ、自分自身は一兵卒になる。勲章も爵位も位階も何もかも全部返上して一兵士となって戦って、ロシア兵に一歩も日本の土を踏ませない覚悟である――。

恐露病《きょうろ》にかかっているとまで評された伊藤博文すら、この覚悟であった。元老だけではない。日本人はみんな、この覚悟であった。

日露開戦のニュースが伝わると、ある退職官吏は、子どもたちを集めて言った。ロシア軍が上陸してきたら、お父さんは必死に戦って、真っ先に戦死する。これは先祖代々伝わる家宝の刀である。おまえたちに一振りずつやるから、これで身の決着をつけろ。

日露戦争に勝てるなどと思っていた日本人はいなかった。いや、世界中がそう思っていた。世界中の軍事専門家で、日本軍勝利を予測した人はいなかった。

が、いざ開戦してみると日本軍は海に陸に連戦連勝。日本軍がロシア軍と戦うと、信じられないほど日本軍に都合のいいことが、後から後からと起きて、日本は負けるはずの戦争に勝ってしまったのである。

あまりもの奇蹟の連続に、日本軍のトップまでが仰天《ぎょうてん》した。日本海軍を勝利に導いた連合艦隊作戦主任参謀・秋山真之《あきやまさねゆき》中佐（当時、のちに中将）は、作戦の神様とまで言われた人物である。その彼は、奇蹟の連続に感激し、いや空恐ろしくなって「発狂」したと言われる。のちに仏門に入って宗教家になった。

なんで、こうも、うまくいったのか。日本は神国だから神風が吹いたのだ。元寇《げんこう》のときに吹いた神風が、もう一度思い出された（一回目は、日清戦争の勝利）。「日本は神国」であるという考え方は昔からあったが、それが、「日本は神国だから、神は奇蹟によって日本を助ける」という形で、再々確認された。天皇の陸海軍が奇蹟を行ったので、これが、天皇が現人神である証《あかし》となった。天皇こそ、紛《まぎ》れもなく、皇祖天照大神《あまてらすおおみかみ》の嫡孫《ちゃくそん》であると、人びとは実感できるようになった。奇蹟が宗教を作ったのである。

明治の初めには、一部の尊皇家だけのものであった尊皇思想は、ここに至って、全国民にゆきわたった。天皇教は宗教として成立した。「深ク人心ニ浸潤」して、キリスト教の代用品として機能しうるものとなった。原始天皇教が、どれほど「深ク人心ニ浸潤」したか。その内面化は、原始キリスト教における「ひたすらの帰依《きえ》」を連想させるものがある。

日露戦争の奇蹟は、天皇教のもとに国民を再統一した。日露戦争で日本が勝ったことは、アジア、アフリカなどのいわゆる「有色人種」（とヨーロッパ人に蔑《さげす》まれている）の人びとに多大な影響を与えた。彼らが、どんなに喜んだか。欣喜雀躍《きんきじゃくやく》したか。これ、すでに歴史的重大事実である。

それまでは、有色人種は絶対に白人には勝てないという神話が蔓延《はびこ》りつくしていた。いや、確信にまでなっていた。それなのに、日本はロシアに勝った。チャンドラ・ボースも孫文《そんぶん》も、ネールも、ガンジーも、うれしさのあまり思わず飛びあがった。日本がロシアに勝てるのなら、われわれだって白人に勝てないわけはない。そう思った。すなわち、アジア・アフリカの志士が独立を決意したのは、日露戦争における日本の勝利がきっかけであった。もし日本が日露戦争に負けていたら、どうなったか。いや、敢然として戦う決意をしないで、ロシアが朝鮮を併呑《へいどん》するにまかせていたらどうなったか。

シミュレーションでも試みてみよ。日露戦争の世界史的意義、知るべきのみ。日本の歴史教育はこの重大事実を軽視すること甚《はなは》だしく、この点はいくたび強調しても、強調しすぎるということはない。

新規範を創造した教育勅語

しかし、この「神」は、キリスト教的神であろうか。「カルケドン信条」におけるがごとき神であろうか。日本が立憲政治(憲法政治)を布《し》き資本主義になるためには、キリスト教的神が必要であると論じた。天皇教は、立憲政治の機軸となるべく、キリスト教の代用品として要請されたのであった。

右のようにして天皇教は成立し、天皇は神となった。が、はたしてこの神は、キリスト教的神であろうか。次に、これを検討しよう。

天皇が、たしかにキリスト教的神となったことを立証するものは何か。

教育勅語《きょういくちょくご》である。

教育勅語が、「天皇がキリスト教的神となった」ことの立証だなんて言うと、人びとはあっと驚く。常識的理解とは、あまりにも懸《か》け離《はな》れているからである。このように教育勅語を論じた学者は今までいなかったからである。しかし、分析を加えてみると、紛《まぎ》れもなく、教育勅語こそ、天皇がキリスト教的神となったことの証明である。

その理由は何か。教育勅語は新規範《きはん》を創造しているからである。

仏《ほとけ》は新規範を創造しない（法前仏後）。儒教の聖人も新規範を創造しない。皇帝も新規範を創造しない。天は、人格神ではないので、自《みず》らの意志決定によって新規範を創造する契機はない。

これに対し、キリスト教の神は、天と地と、その間のすべてのものを創造した。この「すべてのもの」のなかには、（社会）規範も含まれる。神は、規範（ことの善悪。何がよくて何が悪いか）をも創造した。そのエッセンスを一言で言うと、神が好むことがよいことであり、神が嫌うことが悪いことである。神は、自由な意志決定で、規範を創造し、更改《こうかい》する。これが神の権威である。

教育勅語によって新規範を創造しているゆえに、天皇はキリスト教的神である。軍人勅諭《ぐんじんちょくゆ》もまた新規範を創造している。が、ここでは、教育勅語を例にとって、新規範創造の意味について考えたい。

教育勅語は、儒教思想の延長だとも言われる。また、儒教的道徳と西欧的道徳との折衷《せっちゅう》あるいは統合だとも言われる。君主の民衆に対する勅諭であるという点で、教育勅語はよく、明《みん》の太祖・洪武帝《こうぶてい》の『聖諭六言《せいゆりくげん》』や清《しん》の聖祖・康熙帝《こうきてい》の『康熙聖諭《こうきせいゆ》』に比せられることがある。三大勅諭などと言う学者もいる。

右のような学説、態度は、みんな間違いである。教育勅語には、儒教思想は一片もないといってよい。いわんや、儒教思想の延長ではない。ただ、儒教的表現を借りているだけである。

この点、『聖諭六言』や『康熙聖諭』とは根本的に異なる。明の洪武帝（太祖）や清の康熙帝（聖祖）は、いかにも、民衆に倫理道徳のマニュアルを与えた。そして、このマニュアルどおりに行動することを強く奨《すす》めた。しかも、その内容たるや、儒教の大学者の学説の切り抜きにすぎない。そこから一歩も出ていないのである。毫釐《ごうり》の創造も見られない。

これに対し、教育勅語においては、儒教にはない、まったく新しい規範（倫理道徳）が説かれている。顕著な例を挙げると、「我カ《ワ》臣民《シンミン》克《ヨ》ク忠《チユウ》ニ克《ヨ》ク孝《コウ》ニ……」（わが臣民は、天皇にはよく忠義をつくし、親にはよく孝行をつくしなさい）――教育勅語の中核というべき命題（文章）である。

これだけでも、儒教的規範とはまったく違う。儒教には、「臣民」という言葉も概念もない。

儒教的中国には、「臣」と「民」はいるが、臣民はいない。臣とは役人（官僚）のことを言い、民とは（一般）民衆のことを言う。臣と民とは截然《せつぜん》と峻別《しゅんべつ》される。臣（役人）と民（衆）とでは、何もかも（名誉、権力、富）天地の開きがある。竜と鯉《こい》ほども違うのだ。科挙《かきょ》（高級官僚採用試験）のことを登竜門《とうりゅうもん》という。民が科挙に合格すれば臣となれるが、合格は、鯉が瀑布《ばくふ》を遡《さかのぼ》るようにむずかしい。が、合格すれば、目の眩《くら》むような特権にへばりついて、民（衆）とは人種が違うのだゾという顔をする。

臣（役人）を君子《くんし》といい、民（衆）を小人《しょうじん》という。原始儒教の時代（孔子、孟子などの時代）には、巨大な官僚システムもなければ、科挙もなかった。しかし治者（君子）と被治者（小人）との峻別はすでに存在していた。すなわち、統治者たる役人（君子）と、被治者たる民衆（小人）とは、それぞれ、違った規範を持っていた。この意味で、中国は二重規範の国であった。いや、今もそうである。

このことは、日本人が特に好む『論語』『孟子』を読んだだけで明白である。日本人がこのことをよく知らないのは、徳川時代以来、日本の学者が鈍《なまくら》で儒教の古典を理解していなかったからである。

たとえば、「君子は義《ぎ》に喩《さと》り、小人は利《り》に喩《さと》る」(『論語』里仁《りじん》第四)。

何かことをするときに、君子は、それが義にかなっているかどうかを考え、小人は自分の利益になるかどうか考える。すなわち、君子の行動の引照規準は義であり、小人の行動の引照規準は利である。こう言っているのである。

ところが、ここのところを徳川時代以来の日本人は大きく誤解して今日に至る。まず、「義」はよいことであり、「利」は悪いことであると解釈した。ここが、そもそも、間違いの〝事始め〟である。

が、さらに、日本人には事実《ザイン》(Sein)と当為《ゾルレン》(Sollen　かくあるべき)の区別がないものだから、「君子は義にさとるべきであり」「小人は利にさとるべきである――それでもしかたがない――」と読んでしまった。そのうえでさらに、主語と述語とを転倒させて、「義にさとるのは君子であり」「利にさとるのは小人である」と奇妙な解釈をしたのであった。そしてついに、「君子」とはよい人(行ないの立派な人)、「小人」は悪い人(つまらない人)という意味にまでなった。

こんなことだから、中国社会の構造・構成が、どうにも理解できなくなってしまう。

教育勅語は儒教の二重規範を否定した

君子と小人との対比は、「論語」でも「孟子」でも大切なテーマである。これを理解すれば、中国の階層が明らかになる。

次に、このことを考えよう。

まず、第一の補助線。儒教において「利」は、悪いことであるとは考えられていない。「利」のなかでも、きわだって人の心を惹《ひ》くのは、富《とみ》と貴《たっと》きこと、すなわち富貴《ふうき》であろう。また、セックスであろう。すすんで、「利」の極限は生命である。儒教は、富貴、セックス、生命をどう考えるか。

「子曰《しのたまわ》く、富と貴きとは、是《こ》れ人の欲する所なり。其《そ》の道を以《もつ》てこれを得ざれば、処《お》らざるなり」(『論語』里仁　第四)

富貴は人の欲するところである。孔子はこれを悪いとは言っていない。問題は、富貴を獲得する方法なのである。不正な方法で獲得するのが悪い。また、富貴が得られても、それが不正な手段によるものであったことを知ったならば、これを保有していてはならない。

孟子はこれを受けて、富貴を独占していてはならないという。

「人また孰《たれ》か富貴を欲せざらんや。而《しこう》して独り富貴の中において、壟断《ろうだん》を私することあり」(『孟子』公孫丑《こうそんちゆう》　第二)

誰もが欲する富貴を壟断(独占)する者がいる。その独占がいけないと孟子は言っているのである。利の追求（富貴）が悪いとは言っていない。この点、仏教とは違う。

仏教では、富貴を求めるなどという欲望は、煩悩《ぼんのう》の一種であり、修道の妨《さまた》げになるとして排斥される。特に、僧伽《サンガ》（釈迦教団）のメンバーたる比丘《ビク》（僧）、比丘尼《ビクニ》（尼）は、必要最低限のものだけしか所有してはならない。

儒教では、富を求めること自体を否定してはいない。

「子曰く、富にして求む可《べ》くんば、執鞭《しつべん》の士といえども、吾《わ》れ亦《また》これを為《な》さん。如《も》し、求むべからずんば、吾が好むところに従わん」（『論語』述而《じゅつじ》　第七）

富が求めて得られるものならば、悪いことをしてはならないが、正しい職業であるかぎり、執鞭の士のような賤業《せんぎょう》すら、厭《いと》うところではない。それほど富は望ましいものである。

しかし、そこまで思いつめても、富は得られるものではない。「富貴天に在《あ》り」（『論語』顔淵第十二）ともいうではないか。

そこで、富を求めるなんていうことにあくせくしないで、わが好む道（仁を求める道）を行なって気にしないことにしよう。これが儒教の考え方である。利（富貴）を追求してもよろしい。悪いことをしないかぎり、また独占しないかぎり、誰も利を追求してよい。

ここまでは、君子（治者）も小人（被治者）も同じことである。が、ここから先が違ってくる。儒教の二重規範が現われてくるのである。

小人は、被治者であって、天下（社会全体）に責任を持つ者ではない。ゆえに、利にさとくて、あくまで利を追求することが許される。しかし、君子は統治者であるから社会全体に責任がある。だから、みんなが「あくまで利を追求したらどうなるか」――そこまで考えなければならない。

これに対して『論語』はいう。

「利に放《よ》りて行えば、怨《うらみ》多し」（里仁　第四）

つまり、みんなが「利」の追求に専念すると、紛争の発生は不可避であり、それによって、さまざまな不都合なことが起きると孔子は主張するのである。ゆえに、君子（役人）や、その上の王は、利の追求を制限しなければならない。

孟子も同じ。孟子は、梁《りょう》（魏《ぎ》）の恵王《けいおう》を訪問した。恵王は喜んで、先生が千里も遠しとせずにわが国にお越しになったのは、きっとわが国を利してくださるためでしょうな、と言った。これをピシャリとはねのけて、王様よ、利益のことをおっしゃってはなりません。大切なのは仁義だけです、と言った（『孟子』梁恵王　上　第一章）。よく知られた話である。

同様な例は、あまりにも多い。これら二つの例だけでも、中国は二重規範の国であり、統治者と被治者とは、違った規範の下《もと》にあることが理解できよう。これが儒教の根本的な考え方である。「臣」の規範と「民」の規範とはまったく違う。

しかるに教育勅語は、儒教の二重規範を否定して、「臣民」という新概念を創造した。日本国民は、すべて天皇の臣民であり、同一の普遍規範の下にある。その規範がどのようなものであるかは、天皇の命令による。役人も、やはり臣民の一種（特殊場合）であって、中国とは違って、一般の民（衆）とは異《こと》なった範疇《はんちゅう》に属するのではない。

中国の科挙は、ヨーロッパ人の羨望《せんぼう》の的となった。公平な選抜試験によって誰でも役人になれるとは、なんと素晴らしいことだろうと。当時、ヨーロッパで役人になれたのは、貴族などの特権階級に限られていた。

しかし、科挙にも大問題があった。二重規範の国・中国においては、ひとたび科挙に合格するや、鯉は竜変して、民（衆）とは全然べつの範疇《はんちゅう》に入ってしまう。いわば、完全に雲の上の人になってしまって民衆との絆《きずな》は断たれる。これでは、官僚システムが、民（衆）を機動的に指導することなど、思いも及ぶまい。

これらのことを考えてくると、教育勅語が、日本人を、一つの「臣民」に統一したことの意義は、強調されすぎることはない。日本の官僚制は、民衆の官僚制であった。「臣」と「民」の差別がないことによって、官僚は、民衆と休戚《きゅうせき》（喜びと悲しみ）を共にするようになった。中国でもヨーロッパでも考えられないことである。

"天皇教"とキリスト教の共通点

もう一つ、天皇がキリスト教的神となったことの立証例として、予定説を挙げることができる。きわめて高度な宗教論になるのでエッセンスだけを要約するが、より詳しく知りたい方は、拙著『「天皇」の原理』（文藝春秋）、同『天皇恐るべし』（文藝春秋）をお読みいただきたい。

予定説とは、神が予《あらかじ》め定めることをいう。すべてを神が決定すると考えることだ。人間がどのような行動をしても神の決定は変更されたり、影響を受けたりすることはない。

キリスト教においては、人が救済されるか、されないかは、当人の善行、修業、学識、人格、徳などと少しも関係なく、神の意志のみによって決定される。キリスト教はこの論理によって貫徹されている。この予定説が天皇においても貫徹しているのだが、その前に、予定説理解のために、その反対の因果律《いんがりつ》について述べておこう。

因果律とは、人間の行動によって、救済されるかされないかが決定されるということだ。キリスト教以外のほとんどの宗教がこの論理で、代表は仏教とユダヤ教。

仏教における救済（輪廻転生《りんねてんせい》から解脱《げだつ》し仏になる）は、その人がどのような行動、修行をしたかによって決まる。充分に修行を積み、悟りを開けば仏になれる。修行の足りない人は、仏になれず転生する。転生する世界は、その人の善行、修行の度合いによって決まる。

すなわち、すべてのことには必ずその原因があると考える。よいことをすれば必ずよい報《むく》いがあり、悪いことをすれば必ず悪い報いがある。これを因果応報《いんがおうほう》という。この因果応報の理《ことわり》は、神の意志が人間の行動によって左右されることを意味する。たとえば、神がイスラエルの民にカナンの地を与えたとき、神は人間に対し厳重な条件を付けた。

「私が行《おこな》えと命ずるすべての掟《おきて》を守れ、そうすればおまえたちは生きて数を増やし、主が先祖に約束された地に入って、そこを所有することができる」(「第二法の書」申命記第八章)

神はイスラエルの民が法(掟)を守ればカナンの地を与え、繁栄させると言うのである。では、法を守らなければ――。神は言明する。

「必ずおまえたちは滅ぼされてしまう」(同右)

カナンの地は「法を守る」という条件のもとに与えられたのであった。つまり、神の意志は、イスラエルの民が法を守るか守らないかによって決定されるのである。人間の行動が、神の意志決定を左右するのだ。典型的な因果律である。

これに対し、天皇(日本の神)は予定説を採《と》る。分かりやすいように、日本という地が与えられたときのことを考えてみよう。『日本書紀』には、次のように記されている。

「葦原《あしはら》の千五百秋《ちいほあき》の瑞穂《みづほ》の国は、是《こ》れ吾子孫《あがうみのこ》の王《きみ》たるべき地《くに》なり。宜《よろ》しく爾皇孫《いましすめみま》、就《ゆ》いて治《しら》せ。

行矣《さきくませ》。宝祚《あまつひつぎ》の隆《さかえ》まさんこと、当《まさ》に天壌《あめつち》とともに窮無《きはまり》かるべし」（平泉澄《ひらいずみきよし》著『物語日本史』講談社学術文庫）

主神天照大神《あまてらすおおみかみ》は、日本を天孫瓊瓊杵尊《ににぎのみこと》に与え、皇統が永遠に続くことを宣言する。日本という理想的な土地が、神によって与えられた。このとき、条件は付いていない。無条件なのである。神学的にはこれが重要。天照大神は瓊瓊杵尊やその子孫の行動がどうであるかを問わず、日本の地を与えたのであった。つまり、キリスト教の神と同じく、日本における神（その子孫たる天皇）も予定説を採っているのだ。

天皇絶対主義の復活

予定説によって、天皇はキリスト教的神となった。この神学的過程こそ、日本史最奥の神秘である。これについて、もう少し詳しく述べよう。

すでに述べたように、古代における天皇は予定説を奥底に持つ神であった。釈迦《しゃか》の権化《ごんげ》とまで言われた栂尾《とがのお》の明恵上人《みようえ》（一一七三～一二三二年）は、天皇教の教義を「天皇は自由に臣下の所有物を取ってもよい。暴君であってもよい。自由に臣下を殺してもよい。そのさい理非曲直《りひきよく》など言わずに、黙って殺されるのが臣下の道である」と断言している。これ、まさに予定説である。仏教思想とも、儒教思想とも、無縁の思想である。誰かカルヴァンの「神は絶対であるから、被造物の倫理・道徳と無関係である」を想起しないでおろうか。

キリスト教の予定説を前提にして「主権者の決断によってはじめて是非善悪が定まるのであって、主権者が前以て存在している真理乃至《ないし》正義を実現するのではない」(丸山眞男著『現代政治の思想と行動』未来社)というホッブス的近代国家が生まれるのである。

この予定説的天皇が否定されたのは、承久《じょうきゅう》の乱(一二二一年)以後である。それ以降になると、世は因果律の善政主義(易姓革命《えきせいかくめい》論、湯武放伐《とうぶほうばつ》論)に支配されていった。善政主義とは、すなわち「よい政治をする者が天下を取る」という思想である。徳川幕府のイデオロギーは、この善政主義(湯武放伐論)だった。

予定説たる天皇絶対主義の復活は、山崎闇斎《やまざきあんさい》(一六一八〜八二年)を始祖とする「崎門《きもん》の学」による湯武放伐論の否定から始まった(水戸学、吉田松陰などの幕末の志士たちも理論的には崎門の学を源流としている)。崎門の学者たちは、朱子学の緻密《ちみつ》な論理を徹底させることによって、この学問的作業を成し遂《と》げたのである。

崎門の学者の一人である栗山潜鋒《くりやませんぽう》(一六七一〜一七〇六年・水戸藩士)は、『保建大記《ほうけんたいき》』を著《あらわ》し、なにゆえに古代天皇システムが没落したか、古代天皇イデオロギーが死んだか、詳細に論じた(『保建大記』は、谷秦山《たにじんざん》が異様なほど絶賛している書物である。谷秦山は、平泉澄《ひらいずみきよし》博士によって最高の尊皇学者と評価されている)。

潜鋒は、古代天皇について詳細に論ずるばかりではなく、「巻を掩《おお》ひて大息《たいそく》し、涕《なみだ》を斯《ここ》に垂《た》れ」つつ、上皇の非行を追求する。自分で泣くだけでなく、これを見て涕を垂れない者はないだろうとまで断言する。

潜鋒が泣く理由は、保元《ほうげん》の乱(一一五六年)がわが国の倫理に致命的な打撃を与え、その結果、予定説を秘める古代天皇システムが解体を始めたからである。しかも、その後に起こった承久の乱の原因が、上皇の非行にあったからである。だから、ウルトラ・スーパー大忠臣である栗山潜鋒は号泣する。号泣しつつ、皇室の人びとの非道徳性を追求してやまない。

この追求が、いかに激しいものであったか。戦前に上梓《じょうし》された『栗山潜鋒集』は、伏せ字また伏せ字。空白。マルキシズム文献もはるかに及ばない検閲の厳しさに、読者は文意が少しもつかめないほどであった。

栗山潜鋒を嚆矢《こうし》として、三宅観瀾《みやけかんらん》(一六六二〜一七一七年)をはじめとする初期水戸学派は、天皇への徹底的追求を始めた。古代天皇だけではなく、承久の乱、建武中興《けんむのちゅうこう》(一三三三〜三五年)における天皇の倫理的諸問題、政治的責任もまた徹底的に追求した。

その追求の激しさこそ、刮目《かつもく》すべきである。なぜなら、これを契機に、予定説的絶対天皇は死者の中で動きはじめたのである。

かくて天皇は神になった

それでは、なぜ皇室への倫理的な追求が、予定説的天皇を復活させるのか。「反対方向性の共存を内包したバランスは毛筋ほどの差で崩れる」（丸山眞男「闇斎学と闇斎学派」の中のアリウス派とアタナシウス派との対立についてのコメント――『日本思想大系31』岩波書店）からである。

つまり、天皇の非倫理性が徹底すればするほど、予定説の論理によって、天皇は「人間界の非倫理性などに拘束されない者」として絶対の高みへのぼってゆく。カルヴァンの神の存在となってゆく。「それと共存する反対方向性によって、天皇は絶対の高みへのぼってゆくのである」。

この「非倫理性」と「絶対性」の橋渡しとなったのが、山崎闇斎が編した『拘幽操《こうゆうそう》』と、闇斎の弟子・浅見絅斎《あさみけいさい》が著した『靖献遺言《せいけんいげん》』である。

『靖献遺言』は勤王の志士のバイブルとまで称され、幕末のベストセラーとなった。勤王の志士は、この書を読んで鼓舞《こぶ》激励され、志を立てた。明治維新を成し遂げ、日本近代化の魁《さきがけ》となったイデオロギーは、すなわち浅見絅斎のイデオロギーだったのである。明治維新の精神《ガイスト》は、すなわち『靖献遺言』の精神だったのである。

『靖献遺言』は、中国の八人の忠臣義士の伝記である。この八人、君主に無条件に忠を尽くし、義を立てる。しかし、この君主、徳があるわけではない。彼らを認めていたわけでもない。つまり、彼らにとって君主とは、何の条件もなく絶対的な存在なのである。

この『靖献遺言』の奥の院とされるのが、山崎闇斎の編した『拘幽操』である。闇斎は『拘幽操』を編して、君臣の義の本質を発見した（此《こ》れ便《すなわ》ち是《こ》れ君臣之義を見得《え》たる処《ところ》なり）と述べている。そして、結びを「『拘幽操』こそ周の文王の真意を説き明かしたもので、これがあってはじめて、天下において君臣関係は確定された」（拘幽操は文王の心を説き出せり。夫《そ》れ然《しこう》して後に、天下の君臣たる者定まる）という朱子の言葉で締めくくっている。崎門の学派の極意皆伝《かいでん》。

では、これは、いかなる内容のものであったのか。以下に、その要旨をスケッチする。

周《しゅう》の西伯《せいはく》（のちに文王と諡《おくりな》される）は、このうえなく徳が高く、天下の衆望を集めた王であった。その西伯は王位に就く以前、何の罪科《つみとが》もなく、ときの君主である殷《いん》の紂王《ちゅうおう》に羑里《ゆうり》（現在の河南省）で、真っ暗な地下牢に入れられた。いつ殺されるか分かったものではない状況に追い込まれた。にもかかわらず、西伯は少しも恨むことなしに「君主たる王のなすことはすべて正しい」というテーマの『拘幽操』を作った……。

これぞ、究極の君臣関係である。崎門の学は、ここに到達した。幕府イデオロギー、湯武放伐説（因果論）は木《こ》っ端微塵《ぱみじん》になり、予定説の論理が作動を開始したのである。

天皇は、真の人であり、真の神である。天皇は、（カルケドン条件における）キリスト教的神となった。天皇のなすことはすべて正しく、天皇はいかなることをもなしうる。そういうことになった。

このように、「天皇」は、死と死者の中からの復活によって、キリスト的神となったのである。

この天皇神は、はじめは尊皇家だけの絶対神であった。それが日清、日露の勝利によって、すべての日本人にとっての絶対神となった。日清、日露の戦勝によって、伊藤博文の目論見《もくろみ》は見事に成功したと言えるであろう。立憲政治の機軸たるべき宗教――天皇教が日本に根付いたのである。日本人は天皇との「絶対契約」を結んだのであった。あとは、キリスト教諸国がやったようにタテの絶対契約（神との契約）をヨコの絶対契約（人間と人間との契約）に転換すればよい。そうすれば、統治契約たる憲法によって立憲政治が機能する。大正から昭和初期にかけて、日本は紛《まぎ》れもなくその道を歩んでいた。

ところが――。悔やんでも悔やみきれないあの敗戦。いや、そこまではまだいい。大東亜戦争に敗れても、日本人は天皇との「絶対契約」を捨てていなかったからだ。しかし、占領軍の日本統治が始まり、天皇の人間宣言が出されるに至って、神たる天皇と日本国民の絆《きずな》は断ち切られることになる。それまで絶対と思っていた天皇との「契約」を失った日本国民はどうなる。

整いつつあった立憲政治の基盤はどうなる。

これらのことから、戦後日本の急性アノミーが、世界史はじまって以来の、夢想をも絶する激烈このうえもないものであることは明白である。

絶対神・天皇の人間宣言とは！

「イエス・キリストが実は人間であった」などという輩《やから》は、カトリックもプロテスタントも、その場を去らせず、「アリウス的異端」として焼き殺すであろう。

でも、その張本人が天皇ご自身であるとは。

紛《まが》うべくもなく再臨《さいりん》したイエス・キリストが、「わしは神の子ではない。実は、悪魔ベルゼブルの子であった。福音書《ふくいんしょ》はみんな、逆さに読んでくれ」と言ったようなものだ。そうなったらキリスト教はどうなる。

しかもそのうえ、日本軍の栄光の否定。ナポレオン帝国が七つの戦勝の柱の上に立つがごとく、大日本帝国は、日清・日露両大戦の戦勝のうえに立てられていた。国民の軍隊に対する信頼は絶対であった。その日本軍の栄光が否定されただけではない。「日本軍は犯罪者集団である」と宣伝され、教え込まれたのであった。これだけでも、日本人全体が犯罪者集団に成り果てるのに充分な急性アノミーを起こすに足るものがある。

次章では、これを論じることにしよう。

第5章

日本国民に告ぐ

――今も支配するマッカーサーの「日本人洗脳計画」

教科書を支配する「東京裁判史観」

第1章で平成九年度から使用の教科書に「従軍慰安婦」についての記述が含まれていることを指摘したが、歴史教科書の問題は、「従軍慰安婦」だけに留まらない。明治以降の近代日本に関する記述は自虐的、暗黒的、反日的な歴史観に染まっている。産経新聞（平成八年八月六日から十三日までの七回連載「子供たちはこんな教科書を使っている」）で紹介された「主な教科書の抜すい」の中から拾ってみよう。

「日本は大陸支配の足場をきずいた。そして、このころから日本人のあいだに朝鮮人や中国人を見下《くだ》す風潮がおこった」（清水書院）

「植民地統治下の朝鮮人・台湾人に対しては、日本式の姓を名のること（創氏改名《そうしかいめい》）や神社への参拝が強制され、日本人に同化させようとする皇民化教育が進められた」（日本書籍）

「東南アジアや太平洋の島々では、住民を『土民』とみなし、占領を批判する人々などを虐殺した」（教育出版）

「日帝の侵略戦争に利用され……我《わ》が青・壮年たちが、強制的に徴用されて、鉱山や工場で酷使され……女子までもが侵略戦争の犠牲となった」（帝国書院）

「戦後五〇年以上たった今日でもなお、日本の侵略の犠牲になった人々への償《つぐな》いは、忘れてはならない課題である」（東京書籍）

「従軍慰安婦だった人々、広島や長崎にいて原爆で被爆した人々、戦前日本領だった南樺太《みなみからふと》に終戦で残留させられた人々などがいます。日本のこれらの地域にたいする国家としての賠償は終わっていますが、現在、個人にたいしての謝罪と補償が求められています」（帝国書院）

これだけ挙げておけば充分だろう。すべての歴史教科書が大東亜戦争を太平洋戦争と呼称《こしょう》し、しかもそれが「侵略戦争」だったと書いている。戦前の日本には「軍国主義」が蔓延《はびこ》っていたと書いている。第二次世界大戦が「全体主義と民主主義の戦い」であったと記述している。

これは連合国が東京裁判で日本を裁いた歴史観そのものである。

戦前の日本は軍国主義か

東京裁判によって、戦前の日本は軍国主義国家であるという烙印《らくいん》を押された。では、軍国主義とは何か。もし、ありとあらゆる国家の総力を挙げて戦争に集中することが軍国主義であるとすれば、アメリカは完全な軍国主義であった。日本は少しも軍国主義ではなかった。

第二次世界大戦で使用された世界最強の武器を見てみても分かる。アメリカは原爆。ドイツはミサイルとジェット機。イギリスはレーダー。日本は零戦と大和。日本の場合はすでにあった技術を、最高の状態に改良しただけだ。新発見、新発明は何もない。

だが、日本に有能な指導者がいて、もっと早くから準備をすれば、ことによったらレーダーやVT信管（近接信管）、その他の電波兵器やソナーなどの音響兵器については、連合国に負けないような発明、発見がなされたかもしれない。これは可能性があった。実際に、ジェット機の設計、開発も進んでいた。戦前から用意しておけば、あるいは負けなかったかもしれない。

しかしながら、社会科学の分野では、アメリカと日本では、天地の開きがあった。アメリカでは、総力戦に自然科学者だけでなく、社会科学者も動員した。有名な例が、ルース・ベネディクト（社会人類学者）の『菊と刀』。日本人論が書かれているが、もともとは対日戦争のための研究だった。

敵国・日本とはどんな国か、日本人とは何かを、社会人類学的に研究させたのが『菊と刀』。これはほんの一例である。アメリカは厖大《ぼうだい》な日本人研究を行っていた。

アメリカは日本の報復戦を恐れていた

ところが、日本には社会科学を戦争目的に利用するという発想すらなかった。アメリカとは、どういう国か。アメリカ人とは、どういう人間であるのか。日本はどうアメリカと戦えばいいのか、という社会学的、心理学的、政治学的研究を、まったくやっていない。詳細は拙著『大東亜戦争ここに甦《よみがえ》る』（クレスト社）に譲るが、こんな国家を軍国主義国家と呼ぶことなど、とうていできないのである。

もし、日本がアメリカ研究をやっていたら、大東亜戦争の戦局はずいぶん違ったはずだ。ルーズベルトは、大統領選挙の際「星条旗が正面から攻撃されないかぎり、絶対に戦争しない」と公約し、大統領になった。アメリカの大統領は選挙公約を守らなければならない。

日本人がこのことを理解し、このルーズベルトの公約を戦争目的に利用するという第一級の戦略発想があれば、真珠湾攻撃という選択肢を選ぶことはなかったであろう。ＡＢＣＤ包囲網で石油をストップすれば日米戦争になるとアメリカの市民に直接、訴えかけることもできた。真珠湾など攻撃せず、蘭印（オランダ領インドシナ、現在のインドネシア）を攻略し、オランダ・イギリスとだけ戦えば、日本は勝てたにちがいない。実際、インパール作戦を例外とすれば、日本軍はイギリス軍に全勝だった（詳しくは前掲拙著参照）。

ところが、日本人はアメリカの政治を知らなかった。選挙公約の意味すら知らなかった。現代の総理大臣すら知らないのだから、当時の日本人は皆、知らなかった。戦前の日本の政治家には、軍人や華族も多かった。貴族院議員のうち、皇族と公爵・侯爵は選挙すらない。伯爵・

子爵・男爵は互選《ごせん》である。軍人にも選挙はない。犬養《いぬかい》（毅《つよし》）内閣より後の首相は、軍人か貴族だった。たとえば開戦前の内閣を遡《さかのぼ》ると、近衛文麿《このえふみまろ》、米内光政《よないみつまさ》、阿部信行《あべのぶゆき》、平沼騏一郎《ひらぬまきいちろう》と、みな選挙を経ずして政治家となった総理大臣だった。だから、選挙公約の意味など知らなかったのである。

日本人研究とともに、アメリカが総力を挙げて取り組んだのが、歴史研究であった。アメリカは徹底した歴史研究、戦史研究を行なった。そこで得た教訓が「日本に対米報復戦を起こさせてはならない」ということだった。

近代戦とは復讐《ふくしゅう》戦である。一八〇六年、ナポレオンがイエナ（旧東独の南西部の都市）でプロイセン軍を撃滅したのち、プロイセン人は復讐の鬼となった。フランスが普仏《ふふつ》戦争（一八七〇～七一年）に負けると、フランスは復讐の鬼になった。第一次世界大戦でドイツが負けると、今度はドイツが復讐の鬼になり、ヒトラーが天下を取ると、ヴェルサイユ条約を蹴《け》っ飛《と》ばせということになった。

近代史に学んだアメリカ。その占領政策の第一目的は、日本に対米報復戦をやらせないということだった。アメリカ軍は、太平洋戦争で日本軍があまりにも強いのでびっくりした。日本本土に侵攻したらアメリカの青年は一〇〇万人も死ぬにちがいないとアメリカは計算した。こんなことはもうまっぴらだと、アメリカは思った。

だから、占領軍が日本を武装解除するのは当然で、なんと刀狩《かたなが》りまでやった。

「一九四五年九月二日、ＧＨＱは『指令第一号』を出し、関東、東海地区の民家にあった刀剣類を武器とみなして東京・赤羽の米第八軍兵器補給廠《ほきゅうしょう》に集めた」（平成七年十一月一日付朝日新聞夕刊）

占領軍は、日本の対米報復戦を恐れていた。刀は、実戦の効力がなくても、シンボルとして意味があると思っていた。だから、刀なんか持たせておいたら、ジェロニモみたいにいつ反乱を起こすか分からない、というわけだ。占領直後は、柔道も剣道も、学校の授業で禁じたりした。

マッカーサーを〝救世主〟と称《たた》えた国会決議

ところが、日本人は、マッカーサー率《ひき》いる占領軍を征服者としてではなく、解放者として迎えた。昭和二十六年四月十六日、衆参両院は、「マッカーサー元帥に対する感謝決議」を行い、マッカーサーを「悩める敗戦国民に対する救世主」と称《たた》え、「わが国独立の機運を促進したる偉大な業績は、国民挙げて感激措《お》く能《あた》わざるところ」と絶賛したのである。

マスコミも、「感謝」一色であった。この間の事情については高橋史朗《たかはししろう》著『検証・戦後教育』

（広池学園出版部）に詳しいが、そこで引用されている毎日新聞の記事が頗《すこぶ》る傑作である。

「ああマッカーサー元帥、日本を混迷と飢餓《きが》から救いあげてくれた元帥、元帥！　その窓から、あおい麦が風にそよいでいるのを御覧になりましたか。今年もみのりは豊かでしょう。それはみな元帥の五年八カ月にわたる努力の賜《たまもの》であり、同時に日本国民の感謝のしるしでもあるのです。元帥！　日本はどうやら一人歩きが出来るようになりました。何とお礼をいっていいか。元帥！　どうかお体をお大事に」（昭和二十六年四月十七日付夕刊）

まるで、どこかの新興宗教の機関紙が教主を称える文章のようだが、これが日本三大紙の一つに載ったのである。

国民の多くもマッカーサーを「偉大なる大聖人」「永久の救世主」「自由公平の使者」「尊敬の的たる人格者」「天使」「女子学生のあこがれの的」などと最大限の賛辞《さんじ》を贈った（高橋前掲書参照）。戦後五〇年を経た平成の世にも、マッカーサーの記念像が建つ始末である（『フライデー』平成七年九月八日号）。

しかしマッカーサーは、日本人が「救世主」と崇《あが》めたような「人格者」でも「大聖人」でもなかった。たしかに、頭はよかった。米陸軍士官学校を首席で卒業。在学中の平均点が九八点以上という空前絶後の成績だった。これは母親の教育のなせる業《わざ》だった。マッカーサーの母親は、息子の行く先々に付いて「孟母三遷《もうぼさんせん》」を繰り返した。マッカーサー家は、つねに最高の教育環境を求めて転居した。

だが、マッカーサーはただの偏差値秀才だった。そして、いわゆるマザコンだった。けっして「人格者」ではなかった。児島襄《こじまのぼる》著『指揮官・下』(文春文庫)によれば、部下はマッカーサーを当てこする歌まで唄っていた。児島氏はこの歌を「名利《みょうり》と安全を土台に超然とするエリート意識のくさみに対する反発をみなぎらせている。中傷というべきかもしれないが、ほかならぬ部下の間から、その種の中傷を招くのは指揮官としては欠格者と判定されかねないだろう」と評している。

戦後日本に偏差値秀才が蔓延《はびこ》ったのはマッカーサーが偏差値秀才だったからだ、と言えば言いすぎか。いずれにせよ、マッカーサーの占領政策はものの見事に大成功。日本の世論は「鬼畜米英」から「日米親善」へと一八〇度の大転換を遂げたのであった。

日本人を骨抜きにした「洗脳計画」

前章で触れたとおり、ペリー・ショックによって解体された日本人の人格は、大日本帝国の中に再建された。その結果、「結局ペリーはよかった」という複合体《コムプレクス》が成立した。このペリーがマッカーサーと二重写しになって、マッカーサー・ショックは戦後日本の中に日本人の人格を再構築することになる。これが、マッカーサー複合体《コムプレクス》によって日本人のマインド・コントロールが曠古《こうこ》（空前）の大成功をみた根本的理由である。

世界史上、戦勝国の占領政策がこれほど成功した例は絶無である。当初、占領軍が恐れたように、敗戦国は占領軍を憎み、スキあらば復讐に立ち上がるというのが、世界の歴史である。フランス然《しか》り。ドイツ然り。

ところが、日本人は復讐を誓うどころか、戦勝国の軍人を「救世主」と称えた。なぜ、日本人はいとも簡単に洗脳されてしまったのか。その謎を解《と》く鍵がGHQ（連合国軍総司令部）であり、そこで行なわれた「日本人洗脳計画」（ウォー・ギルト・インフォメーション・プログラム）の存在である。この洗脳計画の目的は、次のとおりであった（前掲『検証・戦後教育』）。

①侵略戦争を計画し、準備し、開始し、遂行もしくは遂行に荷担《かたん》せる罪の露見《ろけん》した者の処罰は、倫理的に正当であることを示すこと。
②戦争犯罪の容疑者を訴追しつつあることは、全人類のためであることを示すこと。
③戦争犯罪人の処罰は、平和的にして繁栄せる日本の再建と将来の世界の安全に必要であることを示すこと。
④戦争犯罪人には日本国民の現在の苦境をもたらした一番大きな責任があるが、国民自身にも軍国主義時代を許し、あるいは積極的に支持した共同の責任があることを示すこと。

⑤戦争犯罪を容認した制度の復活を避《さ》けるため、日本国民の責任を明確にすること。
⑥政治家、実業家、指導的煽動家《せんどうか》など、日本国内のさまざまなグループに戦争責任があることを示すこと。
⑦戦争犯罪人は、公正かつ開かれた裁判を受けることを示すこと。
⑧山下奉文《やましたともゆき》大将の場合のように、死刑宣告に対する予想される批判の機先を制するため、残虐行為の責任者の処罰形態の決定にあたっては、名誉を考慮するにはあたらないことを明確にすること。
⑨日本国民に戦争犯罪と戦争犯罪人に関して議論させるように仕向けること。

要するに、東京裁判が「倫理的に正当」であり「侵略戦争」を遂行した「日本国民の責任」を明確にし、戦争贖罪《しょくざい》（ウォー・ギルト）意識を植え付けることが目的だった。ＧＨＱはこの洗脳計画に基づき、マスコミと学校教育を統制し、日本人を骨抜きにしていったのである。

なぜ「大東亜戦争」と言わなくなったか

日本人がいともたやすく洗脳された最大かつ第一の理由は、ＧＨＱによる巧妙な検閲《けんえつ》である。

いや、私は別に洗脳などされていない、と反発される読者もいるかもしれない。

しかし、たとえば「大東亜戦争」という言葉についてはどうだろう。この言葉を聞いただけで、何か日本が悪いことをしたかのようなイメージを持つ方もいるのではないか。先般、『大東亜戦争ここに甦《よみがえ》る』(クレスト社)という書名の著書を書き下ろした。「先の大戦」について書かれた本はあまた出版されているが、そのほとんどが太平洋戦争と呼称している。教科書の記述もそうだ。

しかし、日本の小・中学校で「太平洋戦争」と教育するのは明らかに不当である。なぜなら、「先の大戦」では、インパール(インド北東部)やインド洋でも戦ったからである。特に、インド洋作戦の成否は、「大東亜戦争」の戦局を決する死活的に重要な作戦であった(前掲拙著参照)。これらの戦闘を除外し、「太平洋戦争」と呼称したのはアメリカ軍である。なぜなら、インパール作戦とインド洋作戦の主敵はイギリス軍だったからだ。

少なくとも、日本では「大東亜戦争」と呼称していた。それが戦後、「太平洋戦争」と呼称されるようになったのはなぜか。日本が戦争に敗れ、アメリカ軍に占領されたからである。GHQが、昭和二十年十二月十五日の「神道《しんとう》指令」で「大東亜戦争」という用語の使用自体を禁止したからである。

この命令に基づくGHQの検閲によって、「大東亜戦争」はすべて「太平洋戦争」に書き替えさせられた。「太平洋戦争史観」「東京裁判史観」の始まりである。

なぜ、日本のマスコミは自主規制するようになったか

連合国占領軍が日本に上陸したのが、昭和二十年九月一日。九月八日には日比谷《ひびや》の第一生命ビルにＧＨＱ（連合国軍総司令部）を設置。九月十日に「言論及《およ》び新聞の自由に関する覚書《おぼえがき》」を通達。九月十五日、ＧＨＱ民間検閲部長のドナルド・フーバー大佐は、各マスコミのトップを召喚《しょうかん》し、「戦争に負けた日本は、文明諸国と同等の権利を認められていない、諸君が呼ばれたのは検閲命令を受けるためである」と言い放った（石田収編著『新聞が日本をダメにした』現代書林）。

九月十九日には「日本に与える新聞遵《じゅんそく》則に関する覚書」（プレス・コード）を発表。二十二日に「日本の放送遵則に関する覚書」（ラジオ・コード）と次々と報道規制を強化していった。

ＧＨＱの検閲は国民生活にまで及んだ。毎日新聞（平成七年十月五日付夕刊）の報道では、ＧＨＱが占領下、海外との通信を一〇〇パーセント、国内電話を八三万回、盗聴し、一億三五〇〇万通の電報を検閲したことが明らかになっている。この恐るべき実態は戦後五〇年間、一切、秘匿《ひとく》されていた。

ＧＨＱの報道規制が巧妙だったのは、その検閲の方法である。たしかに、戦前の日本でも検

閲は実施されていた。たとえば、「資本主義を打倒し、革命を起こそう」という原稿があると、その「革命」を、検閲で削除《さくじょ》し、伏せ字（空欄や××など）にする。だから、多くの出版物があちこちで虫食いのような状態や×印だらけになっていた。つまり、読者は、官憲が何かを削除したのが分かった。そして多くの場合、それが何であるか推測できた。最も重要なポイントは、検閲をしたという事実が分かったことだ。この方法が採られたのは昭和十三年より前である。

これに較《くら》べて、ＧＨＱの検閲は巧妙だった。書籍なら書籍、新聞なら新聞を全部指定して、出させない。すべて書き替えさせた。その結果どういうことになったか。

本音や真実を報道すれば、検閲に引っかかる。本そのものを出版できない。新聞（雑誌）も、紙面（誌面）そのものがやられたら、大損害。会社が倒産してしまう。だから、著者も編集者も新聞記者も、こぞって自主規制するようになった。

この間の事情を、さらに正確に論ずれば、次のようになる。

戦前、内務省の警保局《けいほ》は、「早急に伏せ字を消滅させて読書人や国民に検閲が行われたことを気づかれぬように」する必要を感じた（松浦総三著『占領下の言論弾圧』現代ジャーナリズム出版会）。

「当局（内務省）の手口は、次第に巧妙になった。事後検閲が事前検閲に切り替わり、発売直前の校正刷りで検閲が行われるようになった。削除された部分は伏せ字の××で埋め、禁止に

なったものは、他の原稿と取り替えて発売へとこぎつけたわけである」(同右)

次のステップは――。

「まもなく伏せ字も許されなくなった。削除が読者に分からぬように、文章の前後をつなぎあわせろと、私たちは役人に命じられた」(同右)

そして、第1章で述べたように「事前検閲は、編集者自身の手による自己検閲という奇怪な手段を生みだした」(同右)のであった。どうせ検閲されるのだから、自分たちであらかじめ検閲し、そういった記事を載せよう。そのほうが手間もかからないし、効率もよい、というわけである。

戦前の日本のマスコミには、これと断乎《だんこ》として戦うという信念は見られなかった。欧米のジャーナリストのように「報道の自由」にあくまで殉《じゅん》じる、という気風は育っていなかったのである。結局、日本のジャーナリストは、経済的理由によって「言論の自由」を犠牲にするばかりか、「自己検閲」という言論圧殺手段を自ら発明するに至ったのである。その体質、知るべきのみ。

かくて、昭和十三年には、『改造』や『中央公論』には伏せ字はなくなった。

このようにして、「削除されそうな部分を検閲前に削りとるという編集者として恥ずべき行為が、当然のことのように行なわれた」(同右)のであった。

どんな恥ずべき行為も経済的理由のためには仕方がない――この悪《あ》しき伝統主義の〝シキタリ〟は日本マスコミの中で自主的に確立されたのであった。

戦後、この〝完全犯罪〟はアメリカ軍によって引き継がれ、見事に成功した。国民は検閲が行われていることに気付かなかったのである。

「アメリカは完全な言論の自由を与えた」という神話は、深く広く浸潤していった。この神話のもとでの〝完全犯罪〟が、いかに絶大な威力を発揮したか。

有史以来初めて、占領軍は被占領民の完全なマインド・コントロールに成功したのであった。日本人は占領軍の意のままに洗脳されたのであった。そのことを少しも知らないうちに。

しかも、悲劇的なことに占領軍が去っても、ジャーナリズムの自己検閲は残った。マインド・コントロールの結果も残った。

日本は伝統主義の国である。ひとたび確立された〝制度〟〝シキタリ〟は、状況が変わり存在理由がなくなっても、依然として生き残る。不動の巖《いわお》のごとくに。

かくて、占領当時の遺物は、占領軍が去っても、ますますその暴威《ぼうい》をたくましくしている。

マスコミの戦争責任

戦前すでに自己検閲の〝制度〟は確立されていた。日本のジャーナリズムは、経済的理由の前に「言論の自由」を放棄《ほうき》していた。

こうなれば、もう一瀉千里《いつしやせんり》。マスコミが軍部の指図《さしず》に甘んずるようになるまで時間はかからない。いや、「空気」の支配こそ日本の特性である。「空気」がゆくところ日本もゆく。

「編集者による自己検閲」は、軍部の先走りをするようになった。たとえば、開戦直前の大新聞の論調を見よ。ほとんどこれ、主戦論ではないか。

日本の大新聞は、日清・日露戦争以来の「民間における激烈な主戦論」の伝統をそっくりそのまま引き継ぎ、激烈な主戦論によって政府、議会を叱咤《しつた》勉励《べんれい》した。開戦の機を逃すなと――。

日本のすべての大新聞が、ＮＨＫが、この有り様であった。

われわれは、この間の事情を、特に朝日新聞に見てゆきたい。朝日新聞は日本の代表的新聞であり、記事のレヴェルの高さにおいても、その力においても（例、神風号やＡ26長距離機での長距離飛行計画など軍部に協力した）、国民に対する影響力においても、抜群だったからである。ゆえに、戦前マスコミの代表例として、ここに登場してもらおう。

かつて『朝日新聞の戦争責任』（安田将三、石橋孝太郎著・太田出版）という本が出版され、話題になった（初版はリヨン社であったが、何故か間もなく版元から降りた）。そこで紹介された記事を読めば、戦前、朝日新聞が、いかに国民を戦争へと駆《か》り立《た》てたかが一目瞭然《りようぜん》である。

「欲しがりません勝つまでは」「撃《う》ちてし止《や》まむ」などの戦時標語も朝日が大政翼賛会などと主催して募集した標語である。朝日はこの標語を紙面で連載したばかりか、日劇（跡地は現在の有楽町マリオン）の壁面に兵士の写真とともに掲示し、国民の戦意を掻《か》き立《た》てた。

昭和十七年六月のミッドウェー海戦の敗北で日本軍が攻勢から守勢へと転換した後にも、現在の「天声人語」に当たる朝刊コラム「有題無題《ゆうだいむだい》」（昭和十七年九月二十一日付）で「大東亜戦はある点では、米食人種とパン食人種の戦いであり、菜食人種と肉食人種の戦い」と述べ、パンは「米《こめ》と比べ物にならぬ」とこき下ろし、「肉を食うものは、一時的に強い力を出すが持続力がない。長距離を走れば、ライオンは麒麟《きりん》に負ける」と、まったく非合理的な論調を掲《かか》げていた。

敗色が濃厚となった昭和二十年になると、紙面には「一億特攻」という言葉が毎日のように登場。昭和二十年六月十四日の朝刊では「敵来《きた》らば『一億特攻』で追い落とそう」と題する記事を掲載。「国民の中にはまだ特攻隊精神に徹しきっていないものがあるのではないか」と述べ、手榴弾《てりゅうだん》の投げ方や竹槍の使い方を図解で紹介し、「老人も女も来《きた》るべき日に備えよ」と、ゲリラ戦術による一億玉砕を呼び掛けていたのである。

戦後、朝日はこうした論調を掲げていた責任を軍の規制や国民世論に転嫁《てんか》しているが、それは筋違いである。朝日こそが軍も世論も引きずっていったのであった。朝日がいかに好戦的かつ扇情的な記事を書いていたか。たとえば、防空演習の無意味さを指摘した信濃《しなの》毎日新聞の社説（昭和十八年八月十一日付）や「敵が飛行機で攻めて来るのに、竹槍をもっては戦い得ない」と陸軍をこき下ろした毎日新聞の記事（昭和十九年二月二十三日朝刊）と比較すれば、よく分かる。

朝日は満洲事変以降、国民を対米戦争という破局へ駆り立てた。社長以下全社員が軍に献金、軍用機まで献納した。言論統制で強《し》いられた以上に、「鬼畜米英」と敵愾心《てきがいしん》を煽《あお》った。『朝日新聞社史』によると、満洲事変以降、朝日の発行部数は増えつづけ、終戦の昭和二十年には満洲事変が勃発した昭和六年と比較して二倍以上の部数を記録している。

戦争報道は儲《もう》かる商売だった。国民が戦時下で「欲しがりません勝つまでは」と貧窮《ひんきゅう》に喘《あえ》ぐなか、編集局長は高級料亭で禁止されていた芸者遊びに興じていた。当時の編集局長・細川《ほそかわ》隆元《りゅうげん》氏（細川元首相の縁戚）自身がその著書『実録朝日新聞』（中央公論社）ではっきりと書いている。朝日新聞こそ「侵略戦争」のＡ級戦犯だったのである。

なぜ日本のマスコミは〝転向〟したか

ではなぜ、朝日新聞はじめ日本の巨大マスコミが、「Ａ級戦犯」的暴走をしたのか。戦後も自己検閲のヴェクトルの向きを変えないのか。考えてみれば不思議《ふしぎ》千万《せんばん》ではないか。

これら巨大マスコミは、けっして権力批判を閑却《かんきゃく》しているわけではない。官僚制腐蝕分析の貴重なデータは多い（例、『公費天国』朝日新聞社、『醜い官僚たち』毎日新聞社など）。それでいて、徹底的に事実を捩《ね》じ曲げた反日的教科書には一顧《いっこ》だにしないのである。こんな不思議はないではないか。

戦後、朝日新聞がその論調を一転させたのは、敗戦が原因ではない。終戦直後の一カ月間は、戦前と同じ論調の記事で埋め尽くされていた。

ところが、原爆投下は「国際法違反、戦争犯罪」と非難した鳩山一郎《はとやまいちろう》（後に首相）のインタヴュー記事（昭和二十年九月十五日付）、さらにはGHQが「フィリピンでの日本軍の残虐行為」と発表した内容を「日本人としては信頼できぬことだが」と婉曲《えんきょく》に批判した記事の掲載を最後に、突如として変貌《へんぼう》する。それらの記事が占領政策に反するとして、九月十九日と二十日の二日間にわたり発行禁止処分を受けたからである。

この日を境に、朝日はその論調を一転させ、爾来《じらい》、GHQの言いなりになっていったのである。満洲事変以降、軍部に迎合《げいごう》していったのと同様に――。

そして今も、日本ジャーナリズムの旗手を標榜《ひょうぼう》しながら、戦後六〇年間にわたって、「東京裁判史観」に染まった反日的な論調を無遠慮・無責任に掲《かか》げつづけている。

永年の自己検閲の習慣が身につくと、ついにはその主張を正義と信じこむようになるのは、まさに麻原彰晃《あさはらしょうこう》のマインド・コントロールに支配されつづけるオウム真理教信者のごとし。ここにGHQの陰謀は、見事な成果を上げたのである。

ひとり朝日の責任にだけ帰せられないこととはいえ、戦後のマスコミの自主規制が生んだ弊《へい》害《がい》は強烈だった。読者は、GHQによって検閲されたのかどうなのか分からない。だから、押しつけられた報道なのか、客観的な事実報道なのかが分からない。その点、伏せ字が主流だった戦前の検閲と全然違う。

戦前の検閲（昭和十三年頃まで）は、当局がやったということが分かるから、著者、編集者の真意ではないけれども、やむなくこういう記事になったということが分かる。だから、当局の意見はおかしいいんじゃないか、検閲を受けたほうの意見が正しいのではないか、と自分の頭で考える余地が生まれる。

その点で連合国の検閲は、絶妙だった。検閲したという事実すら、隠蔽《いんぺい》し、糊塗《こと》した。どうせ検閲で駄目になるのだったら、はじめから検閲を通るようなものを書いて持っていくという自主規制の空気、慣習が定着してしまった。マスコミも著者も、権力に阿《おもね》るという習慣ができてしまった。このことは、依然として伝統主義が支配する日本では由々《ゆゆ》しきことである。

言論の自由こそ近代デモクラシーの生命

表現の自由、言論の自由は、近代デモクラシーにとって死活的に重要な意味を持つ。これが失われれば、近代デモクラシーはない。元来《がんらい》、自由主義とデモクラシーとは、まったく異なる概念である。自由主義とは国家権力から国民の権利を守ること、デモクラシーとは権力への国民の参加である。近代欧米諸国で普遍的となったのは、この両者を兼《か》ね備《そな》えたリベラル・デモクラシー、すなわち近代デモクラシーである。

日本では、戦後、この両者が同時に輸入されたため、両者の区別が曖昧《あいまい》となった。しかし元来は、まったく異なるものである。歴史的には、はじめに自由主義ありき。自由主義の発達がデモクラシー（民主主義）を生んだ。発祥の地はイギリス。

自由主義は絶対王権に対する国民の権利の擁護という形で発達した。時は一六四九年。財政逼迫《ひっぱく》したスチュアート王制（チャールズ一世）は、新税を課そうとした。だが、議会は新税に反対。チャールズ一世は新税の導入を強行した。議会も国民も猛反発。議会の抵抗があまりに激しいため、チャールズ一世は自《みずか》ら下院に乱入、五人の議会指導者を逮捕しようとした。

議会側がこれに反抗して内乱が勃発。その結果が、周知の清教徒革命《ピューリタン》である。チャールズ一世は死刑に処され、クロムウェルが独裁権を握った。これが、自由主義の始まり。英国国会議事堂にクロムウェルの像が建てられているのは、このためである。

このように、言論の自由は権力に対する抵抗から始まった。言論の自由、権力への抵抗こそ、立憲政治、近代デモクラシーの急所である。

ところが、戦後日本のマスコミには、権力に対する抵抗の姿勢がなくなった。保身のために、権力に阿《おもね》り、自主規制を図《はか》るようになった。GHQの検閲政策は、日本人を骨抜きにする、日本人を去勢《きょせい》するという意味では、最大の効果を上げた。けれども、デモクラシーを広げるという意味では最低であった。権力に対する抵抗の姿勢、言論の自由の根本が失われた。

この恐るべき体質が、いまも脈々と流れている。

「進駐軍が去ってのちは言論の自由が確立されているなどとうっかり信じてはならない。現在の我《わ》が国では一部の新聞社が進駐軍も顔負けの厳しい検閲の網を張っている。それも記者が書く報道文や寄稿の論説にとどまらず、高額の出稿料を取る広告の文言《もんごん》にすら神経を尖《とが》らせて改竄《かいざん》を迫るに至っては統制もここに極まれりである」（谷沢永一「巻末御免」――『Ｖｏｉｃｅ』平成八年九月号）

いまや、マスコミの自主規制は、進駐軍の検閲も顔負け。ところが、このことに関しては、右翼も左翼も「進歩的文化人」も何も言わない。日本は、いまだにデモクラシー国家ではないのである。

戦後、日本のマスコミは、GHQが日本に民主主義をもたらしたと称《たた》えた。そんな馬鹿な。とんでもない間違いである。むしろ、戦前の日本のほうが民主的（デモクラティック）だった。GHQは、検閲という大罪を犯《おか》し、近代デモクラシーを踏みにじり、日本人に侵略戦争史観、自虐史観を植え付けたのである。

捏造された『真相』

GHQによるわが国の近代デモクラシーの破壊は、検閲に留《とど》まらなかった。日本人洗脳計画に基づき、新聞、雑誌、ラジオ、映画と次々と言論統制を実施していった。

昭和二十年十二月八日、すべての全国紙がいっせいに「太平洋戦争史」の連載を開始した。十二月八日付の朝日新聞は「奪う侵略の基地」、読売新聞は「南京の大悪逆暴行沙汰」との見出しで「太平洋戦争史」を大々的に報じた。これらの記事は「連合軍総司令部（GHQ）の記述せる」ものだった（詳しくは前掲『検証・戦後教育』参照）。

ラジオでは、昭和二十年十二月九日から『真相はこうだ』という番組が一〇週間にわたって放送された。この番組は「日本国民に対し、戦争への段階と、戦争中に起こった真相を伝える。

日本を破壊と敗北に導いた軍国主義者のリーダーの犯罪と責任を日本の聴取者の心に刻《きざ》ませる」（ＧＨＱ民間情報教育局）ことが目的だった。

昭和二十一年一月二十日の放送は、次のような内容だった（前掲書より引用）。

アナウンサー「われわれ日本国民は、われわれに対して犯された罪を知っている」

声「われわれは、罪を犯した軍国主義者たちが誰かを知っている」

複数の声「誰だ、誰だ、誰がやったんだ」

アナウンサー「まあ待ってください。これから三〇分の間に名前をお教えします（以下略）」

この番組のシナリオはＧＨＱが書いた。しかし聴取者の多くはＮＨＫの番組だと信じていた。『真相はこうだ』は連合出版から刊行された。新聞に連載された『太平洋戦争史』も出版され、一〇万部のベストセラーとなった。

活字だけではない。『犯罪者は誰か』（大映）、『民衆の敵』（東宝）、『戦争と平和』（東宝）などの長編映画が次々と上映され、少なくとも一五〇〇万人の涙と怒りを誘った。怒りの対象は、もちろん「鬼畜米英」ではない。日本を戦争に駆り立てたとされた「軍閥」、「財閥」、そして「軍国主義者」たちである。

日本人洗脳計画のクライマックスは、東京裁判。かくて、連合国対日本国の戦いであった「大東亜戦争」は、侵略と虐殺の歴史となり、国民が軍閥と財閥によって戦争へと引きずり込まれた「太平洋戦争」へと見事に変身を遂げたのである（なお、この章で紹介した占領政策に関する記述については前掲『検証・戦後教育』に負うところが大きい）。

なぜ、大東亜戦争に感謝するアジアの声を伝えないのか

以上、いかにして、侵略戦争史観、自虐史観が日本人に植え付けられたかを見てきた。

そもそも、あの戦争は〝侵略〟なのか——。

多くのアジアの人びとは、そうは思っていない。これについては、まとめて詳論するだけの分量があるので、筆硯《ひつけん》を新たにして論じたい。ここでは、特に目立つ例をいくつか挙げて注意を喚起しておきたい。

たとえば、タイの元副首相・元外相タナット・コーマン氏は言う。

「あの戦争によって、世界のいたるところで植民地支配が打破されました。そしてこれは、日本が勇戦してくれたお陰《かげ》です。新しい独立国が、多く火の中から不死鳥のように姿を現わしました。誰に感謝を捧げるべきかは、あまりにも明白です」（航空自衛隊連合幹部会機関誌「翼」平

成七年新秋号)

まさにそのとおり。半主権国・半独立国がなくなって、すべての国が独立・平等な主権国家とされるようになったのは、大東亜戦争の結果である。彼は、日本が大東亜戦争で勇戦したことに深く感謝しているのである。

また、マレーシア・マラヤ大学のサイド・フセイン・アラタス副学長も言う。

「先の戦争にあたって、日本の皆様が私たちの独立を大きく助けてくださいました。日本の皆様がしてくださった最も重要なことは、東南アジアの人びとに初めて『自信』というものをもたらしたということです」(同右)

日本軍は、アジア人の目の前で白人の軍隊を撃滅し降伏させることによって、それまで白人の支配に甘んじていた多くの黄色人種国家に「自信」をもたらしたのであった。

その例を挙げれば、「事実、大東亜戦争はインドの解放を願った独立戦士にとっては天の賜《たまもの》であった」(シシル・ボース。インドのネタジ記念館館長。チャンドラ・ボースの甥。同右)。

なぜ、天の賜なのか。それは日本が英国に勝ったからである。彼はつづけて、「戦争初期の日本軍の輝かしい軍事的勝利は、暴虐野卑な英国の支配に喘《あえ》いでいた何百万のインド人に歓喜と勇気をもたらしたのである」(同右)と述べる。

また、サイデマン・スリヨハディプロジョ氏(インドネシア外務省上級大使)は「多くの日本の青年たちが、インドネシアを自由にするために独立の闘士たちと肩を並べて戦ってくれました。そして多くの日本の若者たちが、そのために命を犠牲にしてくれました」(同右)。

実際、戦前のインドネシアは、独自の宗教、教育をはじめとして民族のアイデンティティーすら持ちえなかった。オランダ人は、インドネシア人のイスラム教信仰すら強制的に分断して、一つのまとまった宗教として成立させなかった。当時の彼らには、宗教の「自由」を手にする方法すらなかった。いわんや教育においてをや。そんな国家に、日本は、宗教・教育をまとめあげ、軍隊を作り、独立のための準備を整《ととの》えたのであった。

大東亜戦争に心から感謝している人びとも、このように多い。

だが、日本の政府、役人、一般大衆は、このことをほとんど知らない。それは、大新聞をはじめとする日本のマスコミに、今もGHQの呪縛である「自己検閲」が働いており、彼らはこういった重要な証言を、まったく報道しないからである。彼らは、依然として「日本は侵略してアジアの人びとに迷惑をかけた」としか言わない。こんな有り様だから、当時の現実を知らないアジアの若い人びとの中には、「日本はそんなに悪いことばかりしたのか」と、反日的な人が急増している。まことに嘆かわしいことではないか。

大東亜戦争を体験したか直接に見聞きした人びとは、今や老人である。正しいデータを確実に集めておくことは、日本の国益上、急務であろう。

尖閣《せんかく》報道に見る国益無視の日本マスコミ

国益ということで言えば、尖閣《せんかく》列島領有問題のマスコミ報道も重大である。尖閣列島は、すでに明治時代以前から沖縄群島の一部であることは台湾の公文書にも明記されている。さらに、中華民国九年（大正九年）、中国（中華民国）の長崎領事は、中国漁民救助に対する感謝状を沖縄県石垣島《いしがきじま》の村民に贈っている。

これは大正八年の冬、中国の漁民三一人が遭難し、尖閣列島の魚釣島《うおつりじま》に漂着したとき、石垣島の住民が看病したことに対するもので、その感謝状には明確に「八重山《やえやま》郡尖閣列島」と記されている。この「八重山郡尖閣列島」と明記されているところがポイントである。だが、この事実を報道したのは産経新聞のみであった。

ちなみに、戦後、台湾政府（中華民国）は、沖縄群島まで中国領だと主張したので、呆《あき》れたりオロオロしたりする人もいるようだが、この間の事情は次のとおりである。

日清戦争より前には、沖縄は日本領か中国領か独立した国家かはっきりしなかった。というのは、沖縄人も中国人も日本人も、はっきりした近代的領土概念がなかったからである。

日清戦争の講和会議で結ばれた「下関《しものせき》条約」（馬関《ばかん》条約）で、大清《だいしん》（中国）は、「沖縄は大日本

（帝国）の領土である」ことを正式に認めたのであった。戦後、中華民国は、「馬関条約」は無効であると宣言し、この宣言を中華人民共和国（中共）も継承した。下関条約が無効であるとすれば、つまり中国の主張では、沖縄は中国領となる。

しかし、「沖縄全体」ではなく、尖閣列島だけを中国領だという主張は、昭和四十六年より前にはなかったのである。

こうした歴史的事実に加え、戦後の日米安保条約でも、沖縄返還に際し、大東《だいとう》諸島と尖閣列島も沖縄と一体のものとして、日米安保条約の適用対象になっている。

このことから当然、尖閣列島に中国（中華民国でも中華人民共和国でも香港《ホンコン》でも）が軍事力を行使すれば、アメリカも軍事力を行使して、これを守る義務が生じる。

読者諸君。右のこと一つでも知っていますか。これほどまで重大なことを一つも報じないのが日本の大マスコミなのですぞ。

反日的日本人を利用したマッカーサー

話を元に戻そう。

ＧＨＱがわが国を占領するに当たって、最も恐れたのが「天皇制」の存在である。占領政策の最大の主眼は、天皇という日本最大の権威を破壊することだった。

彼らの言う「太平洋戦争」でアメリカは日本軍の強さに恐れおののいた。特に恐れおののいたのは、戦争末期の〝特攻〟と〝玉砕《ぎょくさい》〟である。

アメリカ人には、この二つだけは何としても理解できなかった。なぜ、死ぬと決まっているのに降伏しないのか。なぜ、こんな馬鹿げた戦術で戦うのか、と理解に苦しんだ。不思議に思って、日本人を研究すると、日本には「絶対天皇制」があることが分かった。これが諸悪の根源だ、天皇イデオロギーをぶっ潰《つぶ》せということになった。これが占領政策の第二の眼目。ここが急所。

天皇イデオロギーを破壊するために、ＧＨＱは何をしたか。

天皇制に最も反対した人びとを最も優遇した。これはアメリカ人お得意の社会科学、その初等的な常識。敵の中に味方を作るのは外交・軍事の常道である。知らぬは日本人ばかりなのである。

支那事変の際、日本は、最も親日的だった蔣介石《しょうかいせき》と汪兆銘《おうちょうめい》の発言力を大きくする政策はいっさい採らず、反日的な人びとの発言力を強くすることばかりやっていた。

マッカーサーは、日本の指導者のような白痴ではなかった。人格は欠如していたが、常識は持ち合わせていた。天皇の権威を失墜させるために、天皇に最も反対した人びとの発言力を強くせよと命じた。

マッカーサー自身は、バリバリの反共主義者だったが、政策としては天皇の権威を失墜させるために、共産主義者を利用した。一方においては、天皇の権威を利用して、日本を統治しようとし、他方においては、その天皇の権威を共産主義者によって潰そうとした。巧妙な社会科学的政策を合理的に結合した。

まず最初に政治犯を釈放した。特に、共産主義者《マルキスト》。占領軍の権力とマルキストが同盟を結んだ。これが、戦後の最初の局面《フェーズ》であった。

「空気」で動く日本

実は、GHQが探しても戦争に反対した日本人は、ほとんどいなかった。日本は「空気」で動く国だ。原理原則が何もない。だから、戦前、戦争に反対した人は、ひじょうに少なかったのである。

戦前、日本の政治システムは「民主的」だった。帝国議会が協賛しない軍事予算は使えない。大日本帝国憲法は、予算が成立しない場合には、前年度の予算を遂行しうると規定していたが、戦争を始める前と後では予算の規模が全然違うから、議会が否決したら、戦争などできない。

ところが、戦争が始まると、予算案を否決する「空気」は吹き飛んだ。軍事予算に反対した代議士は一人もいなかった。軍事予算を認めた者が戦争犯罪人だというドイツ流の定義に従えば、当時の代議士は一人残らず戦争犯罪人だ。

日本社会党の前身は社会大衆党だが、支那事変の末期になると、戦争賛成になった。それどころか、社会大衆党は、中野正剛《なかのせいごう》の東方会《とうほうかい》と合併した。社会党と自民党が連立したことの前例みたいなものが、戦前すでにあった。日本の社会党というのは、デモクラシーが何か、戦前も戦後もまったく分かっていなかった。

いずれにせよ、はっきりと戦争に反対しつづけたのは、日本共産党だけだった。だから、終戦直後の共産党は、ものすごい人気となった。ほとんど誰も共産党に対しては正面切って反対できない、こういう空気ができてしまった。

日本のマスコミでは、共産党を支持しないまでも、反共は駄目だと言わなければ、もはや発言権もないという時代が何十年も続いたが、その発端は終戦直後だ。「救世主」と称えられたマッカーサーが共産党を育てようとしたからだ。GHQは「共産主義も民主主義の一形態である」（バーコフ新聞課長）と、容共政策を採《と》ったのである。

GHQは政治犯を釈放しただけではない。米陸軍情報部は終戦直後の八月二十一日、「友好的な日本人」（フレンドリー・ジャパニーズ）という機密文書を作成、GHQに協力しうる三六三名をリスト・アップした。たとえば、戦後初の国定教科書『くにのあゆみ』を作成した家永三《いえながさぶ》郎《ろう》などである（前掲『検証・戦後教育』）。

かくて戦後日本に、いわゆる「進歩的文化人」、すなわち「反日的日本人」が跳梁跋扈《ちょうりょうばっこ》する下地は出来上がったのである。

日本人を洗脳したニューディーラーたち

ＧＨＱが共産主義者と手を結んだ背景には、もう一つ理由があった。ニューディーラーの存在である。マッカーサー自身は、コチコチの保守主義者だったが、彼のスタッフは、いわゆるニューディーラーたちだった。ニューディーラーとは何か。

一九二九年十月、ニューヨークの株式市場で大暴落が起こった。これが引き金となり空前の大恐慌が起きた。失業者が増大、銀行は倒産、大恐慌はたちまち全世界に拡がった。時のフーヴァー大統領の経済政策は効果がなく、この大恐慌を乗り切れない。共和党は国民の信頼を失い、一九三二年の大統領選挙で、民主党のフランクリン・ルーズヴェルトが当選した。

ルーズヴェルト大統領は、全国産業復興法（ＮＩＲＡ）、農業調整法（ＡＡＡ）などを中心に産業の統制を実施。金本位制を停止し、生産を統制した。労働組合を法的に承認、団体交渉権を認めた。テネシー河域開発公社（ＴＶＡ）を設置するなど公共事業を興《おこ》した。有効需要を大きくして、不況を退治しようとした。これらの政策がニューディール政策と呼ばれるものである。

この政策の立案・実行に当たったのがニューディーラーたちである。

もちろんルーズヴェルトもニューディーラーも資本主義者である。だが、古典的資本主義から見ると、ひじょうに社会主義に近い。古典的資本主義の場合には、市場に介入しない、自由放任、すなわちレッセ・フェールだ。ところが、ニューディール政策はレッセ・フェールではない。政策的に有効需要を創出する。それがアメリカでは社会主義、共産主義に見えた。

ルーズヴェルトはニューディール政策を遂行するために、いくつかの法律を作った。ところが、その法律が連邦最高裁で片っ端から違憲とされる。違憲な法律は無効である。仕方がないのでルーズヴェルトは、ブラック、ダグラス、フランクファータと次々にリベラルな法律家を連邦最高裁判事に任命して、やっと法案を通した。そのくらい、ニューディールというのはアメリカ人にとってラディカルであった。

だから、アメリカでラディカルなことを言う人、極端なことを言う人はみな「ニューディーラー」と呼ばれた。ニューディーラーは、共産主義者ではないけれども、保守主義者より、むしろ共産主義者に同情的だった。戦前なら「アカ」、今の言葉で言えば、「リベラル派」に近い。

そのニューディーラーが、マッカーサーの手下だった。だから、ＧＨＱが共産主義者に同情的だったのは、当たり前だったのである。かくて、戦後の日本には「進歩的文化人」が、実質的に跳梁跋扈《ちょうりょうばっこ》しはじめた。これが第二の理由。

明治維新が生み残した地主階層

占領政策の第三の眼目は、農地解放である。

今にして思えば、日本人自身の手で、戦前に農地を解放しておくべきだった。国家の近代化にとって、農地解放は不可避の政策である。大東亜戦争後、アジアの諸国で農地解放をやった国とやらない国がある。やった国だけが高度成長をして、やらない国はフィリピンのように取り残されてしまった。

日本では、明治維新において、封建的な地主階層が解体されず残った。

江戸時代には、土地は殿様のものなのか、地主のものなのか、小作人のものなのか、はっきりしていなかった。ところが明治維新で、殿様（諸侯）がいなくなり、土地の二重所有、三重所有の関係がなくなった。そして地主と小作人の関係はかえって単純になった。

地主は自分では働かず小作人から搾取《さくしゅ》する。それがどれほど有害だったか。たしかに、英国にも地主がいた。ところが、農業経営はすでに資本主義的になっていた。資本家がお金を借りて、地主から土地を借り、労働者を雇って経営をする。それが資本主義における経営である。先進資本主義国においては、地主が土地を貸すのは一つの商売だ。べつに、貸したほうが偉いわけではない。レンタカーを借りるのと土地を借りるのとに、質的な差異はない。

ところが、戦前の日本のように、資本主義経営をやらないで、小作人が地主から土地を借りたらどうなるか。

農奴《のうど》とまでは言わないが、主人と家来のような関係が発生する。ひじょうに強い上下関係が発生する。土地を借りているだけなのに、言葉遣《づか》いから習慣まで家来みたいになってしまう。経済的な貧富の差も激しかった。地主は金持ちで、小作人は貧乏。本来の資本主義的経営のもとでは、土地を借りた人が貧乏とはかぎらない。だから、このような前近代的な関係はなくしてしまえということが、戦前の右翼や左翼の共通の主張だった。

さらに重大なことは、小作人は小作料を物納の形で地主に支払ったのである。この点、日本「資本主義」と英国資本主義とは根本的に違う。また、その物納の割合も五〇パーセントと目も眩《くら》むばかりの高率だった。

明治維新によっても、日本経済の根本たる地主と小作人との関係は変わらなかった。そのために、封建的エトスは明治以降にも持ち込まれていた。日本経済の「資本」(らしきもの)は、依然として前期的資本であった。

対米拝跪《はいき》を生んだ農地解放

こうした経済力を背景とした地主階級の力は、経済以外の分野でも強かった。地主のほとんどが地方名望家に化《ば》けた。なぜか。小作人よりも高い教育を受けていたからである。明治維新以降の社会改革のポイントの一つは教育。すでに述べたように、ほとんど全員が義務教育を受けられるようになったのは、その当時としてはものすごい大業績であった。しかしながら、中等教育に大きな欠陥があった。中学校への進学率は、戦前最後の時点でもたったの一四パーセント。

その頃、中学校に進むのは、昨今、大学に進むよりも、はるかに大変だった。男だったら中学校、女だったら高等女学校。もっとも、中等教育はそれに限らず、男だったら農林学校、工業学校、商業学校、女だったら実業女学校もあったが、それらは同じ中等教育でもランクがはるかに下。上級学校に進むためには、男は中学校、女は高等女学校に入学しなければ駄目だった。

それが一四パーセント。つまり、中等教育以上に進める人と、小学校だけしか卒業しない人では、社会階層的には、天地の開きがあった。一部の都会を別とすれば、小作人は小学校しか出ていない。中学校以上に進める人は地主階級に限られていた。

菊池寛《きくちかん》に『父帰る』という戯曲がある。家出した父親に代わり、長男が苦労して弟を中学校に行かせる。それに父親が大感激するという話だ。それほど、中学校に行くことは大変なことだった。普通の小作人や庶民は中学には行けなかったのである。ところが、地主以上の人だったら、中学校にはみな行けた。そこに階層格差があった。

農地解放は、日本にとって、いつか実現しなければならない大目標だった。戦前、いろいろな人が努力したが、ついに実現できなかった。

それをマッカーサーが実現した。だから、大多数の日本人がマッカーサーを「救世主」とまで称《たた》える一つの理由となったのである。GHQは、農地解放によって、大多数の日本人である農民の根強い支持を取り付けることに成功した。マッカーサーが来なかったら、俺たちは小作人のままだった。マッカーサーのお陰《かげ》で自由になれた。自作農民になれたと手放しで拝跪《はいき》したのである。これが第三の眼目。

アメリカは初等教育で何を教えているか

占領政策の第四の眼目は、学制改革である。学制大改革。六・三・三制というアメリカの猿《さる》真似《まね》である。ところが、日本は、肝心な点で猿真似しそこなった。

肝心な点とは、初等教育と最後の高等教育。アメリカでは高等教育は大学院でやる。だから、大学（学部）までは教養学部みたいなものだ。それが何より証拠には、たとえば、アンダー・グラデュエイト（学部）には、法学部と医学部がない。アメリカで法律家や医者になるためには、英文学でも、数学でも、何でもいいからまず大学（学部）を卒業する。そして、大学院で初めて法律の勉強や医学の勉強をする。ロー（law）・スクールとメディカル・スクールは大学院である。学部のコースはない。

これはほんの一例。プロフェッショナルの専門教育は、すべて大学院から始まる。だから、高等教育の中心は大学院。

ところが、日本は六・三・三制を猿真似したものの、大学院教育には手を付けなかった。大学院はいまだに継子《ままこ》扱いで整備されていない。これが一つの致命的弱点。

さらに重大で致命的な欠点が初等教育。

アメリカの初等教育の最大の眼目は英語を教えることでも、数学を教えることでもない。アメリカ人であるというプライドを教えることである。たとえば、国旗に対する敬礼の仕方。

アメリカの小学校の教室には、正面に星条旗が掲揚《けいよう》されている。子どもたちは毎朝、授業の始まる前に起立して星条旗に敬礼し、忠誠宣誓を行う。その忠誠宣誓とは次のようなものである。

「私はアメリカ合衆国の国旗に対して、ならびにそれが代表する共和国、すなわち神の下《もと》にあり、不可分にして、万人のための自由と正義を有する一つの国家に対して忠誠を誓います」

右手を胸に当てながら、こう誓うのである。

さらに、アメリカはいかに素晴らしい国であるのか、ということを教える。

アメリカの音楽の教科書に載《の》っている歌の歌詞を紹介しておこう。

「私の国よ。お前は自由な美しい国だ。私はお前を歌おう。祖先の人々が眠っている国と。ピルグリムの誇りの国と」

もう一つ紹介しよう。タイトルは、ずばり、「アメリカ」である。

「わが祖国アメリカ、美しき自由の国、その栄光をわれは歌う。（中略）われらが祖国、聖なる自由の光をもって永久に栄えあれ。偉大なるわれらが主なる神よ、われらを守れ」

アメリカの初等教育の最大の眼目は、アメリカ人であることを教えることなのである。それはアメリカが多民族国家だから特に重要なのである。

多様性に富んだアメリカ社会では、コミュニケーションの仕方についての教育も重要とされる。自分とまったく意見の違う人の意見をどう理解するのか。また逆に自分と意見も利害関係も宗教も違う人に、どうやって自分の意見を伝えるのか。その訓練をするのが二番目の眼目。

その例で面白いのは、アイアコッカ。フォード自動車からクライスラー入りし、倒産の危機に瀕《ひん》していたクライスラーを見事に再建したことで有名なリー・アイアコッカは、イタリア移民の子だった。彼は自伝で、自分はどうやってアメリカ人になったのかを面白く語っている。

「学校で習った最も大切なことは、自己を表現する技術だった。九年生（日本の中学三年）のレーバー先生は、毎週月曜ごとに五〇〇字の作文を提出させた。実につらい宿題だったが、一年後に気がつくと、思ったことを自由に書けるようになっていた」（リー・アイアコッカ著『アイアコッカ』徳岡孝夫訳・ダイヤモンド社）

アメリカン・ドリームの体現者であり、ビジネス界の「生ける伝説的存在」と評されるアイアコッカは、アメリカ教育がつくったと言ってもいいのである。彼は「読書と作文とスピーチをみっちりやったのは、ひじょうによかった」「人生の大きな財産となった」と語っている。

アメリカのある国語の教科書（小学四年生用）には、英語を話せないメキシコ移民の子女が教師と友だちの友情に支えられながら英語を学び、教室で忠誠宣誓をするまでの過程が感動的に描かれた話が載っている。

旧ソ連もアメリカ同様、多民族国家であった。しかし、民族は対立し、ソビエトは統一国家ではなくなった。これに較べ、驚くべきことにアメリカは、アメリカというメルティング・ポット（人種の坩堝《るつぼ》）に入ると、みなアメリカ人になる。

つまり、アメリカ人をつくることが、アメリカの初等教育の最大眼目。だから、国家に対する忠誠を教える。アメリカ人とは何かを教える。英語や数学なんかを教える時間は少なくなってもいい。

実際、留学時代に筆者はアメリカの大学で教育アルバイトをしたことがあるが、驚いたことに大学でまず英語を教える。しかもその学力たるや千差万別。最も極端なのは、ハーフ・イリタラシー（半文盲《もんもう》）。高等学校まで出ていながら、英語が正確でない、英語がよく分からないという人が、ものすごくたくさんいる。

だから、新入生に英語の試験をやって、あなたの英語は不正確だから、英語の授業を受けなさい、ということになる。毎週二、三時間で済む人は優秀な人。普通は週八時間。ひどい人になると週一六時間なんていう大学生もいる。大学に入るまではまともな英語が書けない、しゃべれない、読めない。そういう大学生を教育する。数学でも、大学に入ってから初めて、分数計算を教える。

それがアメリカの教育の実態である。数学の計算では、明らかに日本のほうが、進んでいる。では、日本の教育は、アメリカの教育よりも、進んでいるのか。逆である。

日本は、義務教育において、最も重要なことを教えていない。それは、日本とは何か、日本人とは何か。つまり、日本人として誇りを持たせるための教育である。戦後日本の教育では、それらはすべて悪とされ、おざなりにされた。

祖国愛をむしりとる唯一の国――日本

学校教育で教えるべきは、自国への忠誠と敬愛である。つまり愛国心である。「愛国」教育はアメリカに限らず、世界中の学校教育に共通のものである（沖原豊編『世界の学校』東信堂、二宮皓編著『世界の学校』福村出版、唐沢富太郎著『世界の道徳教育』中央公論社などが詳しい）。

オーストラリアの学校では、生徒は機会あるごとに、「私は神とわが祖国とを愛する。私はわが国の国旗を尊《とうと》ぶ。私は女王（エリザベス二世）に仕え、また喜んで両親、先生、そして国の法律に従う」と誓う。

イタリアの教科書（小学二年生用）には「偉大なる国旗のもとに、われわれはみな兄弟である。風にはためく美しい色。白は祈り、赤は愛、緑は希望。三色旗よ永遠なれ」と国旗を称える文章が載っている。

インドネシアの学校では、毎週月曜日の一時限目は国旗掲揚式である。校庭に集合し、国家掲揚、国歌斉唱《せいしょう》の後、建国五原則（パンチャシラ）が朗唱される。その第一原則は「唯一なる神への信仰」である。教室には正副大統領の写真が掲示されており、その中央にはインドネシアの国章ガルーダ・パンチャシラが掲げられている。

タイの学校でも毎朝、朝礼が行なわれ、かならず国旗が掲揚される。国旗掲揚時には子どもたちが国旗に敬礼し、国歌を斉唱し、国家に対する忠誠の誓いを立てる。

フランスは道徳教育が充実しており、「祖国や人類」「社会的義務」などの授業が行なわれている。象徴的な例として、フランスの道徳教科書の一節《いっせつ》を抜粋して紹介する。

「わが子よ、私は祖国を愛します。それは私のお母さんがそこで生まれたからです。私の血管を流れている血は、まったくそこに属しているからです。おお、お前はまだ完全にはそれを理解できないだろう、この愛国心を。お前は大人になったときそれを感じるだろう。もし異邦人がお前の国を侮辱するのを聞くとき、より烈《はげ》しくより気高くそれを感じるだろう」

いわゆる民族国家や社会主義国家は紹介するまでもないだろう。日本の教育を世界の教育と比較してみれば、彼我《ひが》の格差に愕然《がくぜん》となるではないか。戦後の日本の学校だけが愛国心を教育していないのである。

宗教教育は世界の常識

主要国の学校では、「愛国」教育と並び重要なものとして、宗教教育を行っている。

欧米では学校生活の中心にキリスト教による宗教教育が据《す》えられている。たとえば、ドイツの小学校（基礎学校）では週二時間、宗教の授業がカトリックかプロテスタントの宗派別に実施されている。始業式や卒業式ではかならずミサや礼拝が行なわれ、学校の休日は復活祭などキリスト教の主要な祭日を中心に設定されている。

ドイツの教育の目的は信仰心と愛国心を育てることである。教育の目的を規定したバーデン・ヴュルテンベルク州憲法第十二条は、子どもが「神に対する畏敬《いけい》とキリスト教的隣人愛」と「国民と祖国に対する愛」の中で教育されなければならないと定めている。

ドイツ憲法（基本法）第七条第三項は、「宗教教育は、公立学校においては、非宗教的学校を除き、正規の教育科目とする。宗教教育は宗教団体の教義に従って行うが、国の監督権を妨げてはならない」と規定している。宗教はドイツ憲法が公立学校での義務教育に指定する唯一の教科なのだ。ちなみに、ドイツ憲法の前文は「神と人間に対する責任を自覚」することから始まっている。

イギリスの学校でも毎週、宗教の授業が行なわれている。宗教教育はキリスト教（英国国教会）に基づき、教師が聖書を講読したり、生徒が讃美歌を歌っている。

イギリスの名門私立中学（パブリック・スクール）では生徒が寄宿舎（ハウス）に起居しながら全人的な教育を受ける。校内には大きな礼拝堂があり（イートン校の礼拝堂は観光名所にもなっている）、毎日、礼拝が行われる。

比較的、政教分離に厳格なフランスでも、毎週水曜日が「宗教教育の日」に指定され、家庭における宗教教育に充《あ》てられている。

このように欧米の学校では、キリスト教を根幹とした全人的な教育が行われている。欧米だけではない。日本を除く世界中の学校で宗教教育が行われている。ただそれが、キリスト教なのか、イスラム教なのか、あるいはヒンズー教か仏教かというだけの話だ。

仏教国であるタイの学校には大きな仏像が安置されており、登校時には子どもたちがかならず仏像に向かってお祈りをする。僧侶が説教をする仏教教育も行われている。小学三年生からは「三宝」（仏・法・僧）について教えられる。「道徳」の教科書には、仏に祈る方法やお経の唱え方が記述してある。

世界最大のムスリム（イスラム教徒）を擁《よう》するインドネシアでは、必修カリキュラムの筆頭に宗教が記されているほど、宗教教育が大きく比重を占めている。教育文化省所管の普通学校（スコラ）以外に、宗教省所管のイスラム学校（マドラサ）があり、また、イスラム教の寄宿塾（ポンドック・プサントレン）で起居しながらイスラムの教育を受けている生徒も多い。

日常生活でも宗教の戒律を厳格に守る他のアジア・アフリカ諸国も、基本的には同様の宗教教育を実施している。青山学院など一部のミッション・スクールなどを例外とすれば、世界中で日本だけが、宗教教育を行っていないのである。世界の学校で、宗教教育と「愛国」教育は二大支柱なのである。この両方ともやっていないのは世界で唯一、日本の学校だけ（私立を除く）である。

〝魂〟なき日本の戦後教育

世界で唯一という点は、これだけではない。日本は、学校で自虐的な暗黒史観を教える点でも、世界で唯一なのである。

かつて俳優の森繁久彌《もりしげひさや》氏は、次のように述べたことがある。

「ヨーロッパではどの国も自国を誇り、国旗を大事にしている。四十日間のヨーロッパ旅行で、私がこの目でじかに見、そして皮膚で感じたのは、このひとことにつきるのだ。かえりみて私の心の中には悲しみと憤りが渦を巻いている。日本では『愛国』という言葉すらインテリの間ではタブーとなっているようだ。自分の生まれた国を愛し、それを誇りに思うという、人間の自然な感情をだれかに売り渡すほど、日本人は卑屈になったのだろうか」（昭和三十五年十一月十二日付読売新聞夕刊）

実際、いまでもほとんどの小学校、中学校、高校、大学、大学院がセレモニーでも国旗を掲揚しない。国歌の斉唱もない。文部省の調査に対して、「国旗の掲揚を実施している」と回答している学校でも、単に校長室に飾ってあるだけ、卒業式で会場の袖《そで》に設置しているだけ、というのが実態である。

なぜ、こんなことになってしまったのか。文部省と日教組による戦後教育の問題点については、次章で詳述するが、大本の原因は、GHQの政策である。GHQが国旗の掲揚を許可制としたからだ。音楽の教科書から「君が代」を削除したからである。「修身」を廃止し「社会科」としたからである。「教育勅語」を廃止したからである。

それだけではない。GHQがもたらした「東京裁判史観」と「戦後教育」は、戦後日本に恐るべき「急性アノミー」現象をもたらしたのである。

第6章

日本人の正統性、復活のために

——事実に基づく歴史の再検証が不可欠なとき

カリスマの保持者は、カリスマを手放してはならない

前章で、日本人がなぜ、いともたやすくアメリカのマインド・コントロールを受けたのかについて述べた。最大の理由は、終戦によって発生した急性アノミーを利用したからである。GHQの「日本人洗脳計画」は、戦後日本の恐るべき「急性アノミー」現象をさらに拡大再生産した。

アノミー（anomie）とは何か。「無規範」と訳されることもあるが、それよりも広く〝無連帯〟のことである。アノミー概念については、拙著『大東亜戦争ここに甦る』（クレスト社）でも述べたが、本書のテーマを理解するうえで、不可欠の概念でもあるので、再説しておきたい。

アノミー概念を発見したのは「社会学の始祖」E・デュルケム（フランス人、一八五八〜一九一七年）である。デュルケムがアノミー現象を発見したのは、自殺の研究を通じてであった。

彼は、生活水準が急激に向上（激落の場合だけではない）した場合にも自殺率が増加することを発見した。

なぜか。生活水準が急上昇すれば、それまで付き合っていた人たちとの連帯が断たれる。他方、上流社会の仲間入りを果たすのも容易ではない。成上がり者と烙印《らくいん》を押され、容易には、

付き合ってくれない。かくして、どこにも所属できず、無連帯《アノミー》となる。連帯《ソリダリテ》(solidarite)を失ったことで、狂的となり、ついには自殺する。

これがアノミー論の概略。このように生活環境の激変から発生するアノミーを「単純《シンプル》アノミー」と呼ぶ。その心的効果は「自分の居場所を見出せない」ことにある。どうしてよいか途方に暮れる。そして正常な人間が狂者以上に狂的となる。

アノミーには、この単純アノミーのほかに、「急性《アキュート》アノミー」と呼ばれる概念がある。これは、信じきっていた人に裏切られたり、信奉していた教義が否定されたときに発生するアノミーである。

急性アノミーが発生すれば、人間は冷静な判断ができなくなる。呆然《ぼうぜん》自失。正常な人間が狂者よりもはるかに狂的となる。社会のルールが失われ、無規範となり、合理的意志決定ができなくなる。

精神分析学者のフロイトは、急性アノミー現象を、軍隊の上下関係の中に発見した。どんな激戦・苦戦に陥《おちい》っても、指揮官が泰然としていれば、部下の兵隊はよく眠り、よく戦う。厳正な軍規が保持され、精強な部隊でありつづける。しかし、指揮官が慌《あわ》てふためいたらどうなるか。急性アノミー現象が発生し、部隊は迷走。あっという間に崩壊する。

ヒトラーはこれをローマ教会に見た。ローマ・カトリックは、なぜ一五〇〇年以上も世界最大の宗派たりえるのか。それは、ローマ教会が絶対に教義の過《あやま》ちを認めないからである。これが世界最大の教団でありえた理由であるとヒトラーは説明する。

かくて、急性アノミー理論は、別名「ヒトラー・フロイトの定理」とも言う。この定理を換言すれば、こうなる。カリスマの保持者は絶対にカリスマを手放してはならない。傷つけてもならない。もしカリスマが傷つけば、集団に絶大な影響が及ぶ。もしカリスマを失えば、集団は崩壊する。筆者が、フルシチョフによるスターリン批判を踏まえ、昭和五十五年(一九八〇年)、『ソビエト帝国の崩壊』(光文社)を著《あらわ》したのも、実はこの「急性アノミー」理論によるのである。

なぜ戦後日本は無連帯《アノミー》社会となったのか

終戦により発生した熾烈《しれつ》な急性アノミー、これを利用したGHQによる巧妙なマインド・コントロールによって、戦後の日本の「急性アノミー」は、さらに深く広いものとなっていった。根本的な原因は、GHQの「日本人洗脳計画」に基《もと》づき、「太平洋戦争史観」すなわち「東京裁判史観」を植え付けられたからである。「自存自衛」の「大東亜戦争」が、「侵略戦争」と断罪されたからである。間違った戦争だとされたからである。日本軍が「南京大虐殺」をやったと脳髄に叩《たた》きこまれたからである。しかも、繰り返し繰り返し。新聞、雑誌、ラジオ、映画、そして学校教育によって。

日本の歴史は間違いだった、日本軍は大虐殺をやった、日本人は悪い人間である、と教えられた。これは恐ろしい。日本人には大虐殺という概念がなかった。欧米や中国にはあったが日本にはなかった。

ところが、日本軍が大虐殺をしていたということになった。日本は大虐殺をする侵略国家とされた。多くの善良な日本人が、後ろめたい心理状態になったのは当然だ。GHQの「日本人洗脳計画」によって骨の髄から「贖罪《しょくざい》意識」を植え付けられたからである。

戦後、日本人はGHQによって、日本人としての誇りを奪われた。しかし、戦前の日本はそうではなかった。学校でも家庭でも日本人であることに誇りを持てと、繰り返し教育した。誇りは規範や倫理の根本である。特に、軍人は「お前らは日本人の鑑《かがみ》になれ、手本になれ」と教えられた。一般の日本人も、「兵隊さんだったら悪いことはしない」と当然のように思っていた。だから、民家に兵隊が泊まる場合でも、誰もが安心し、喜んで宿を提供した。実際に、悪いことはしなかった。

皇軍に絶大な信頼を寄せていた日本人

ここで若い読者にクイズを出してみよう。日本軍において、下級将校や下士官や普通の兵隊の最大の汚職とは何だと思いますか？

賄賂《わいろ》を受け取ること、と答えた人は不正解。武器を横流しすることも不正解。アメリカ兵なら、ライフルを売ったり、ピストルを売ったりする。ロシアになると戦車から戦艦まで、売らないのは核兵器だけ（今のところ？）だ。

正解は、残飯を横流しすること。兵隊の中には支給される食事を食べ残す人もいるから、食事が余る。それが残飯。それを誰かに横流しする。武器を売るなんて、考えた人もいなかった。

ゲートル一個でさえもなくなったら一大事。帳簿上の支給物資の数に現物の数を合わせる（員数《いんずう》を合わせる）のに死に物狂い。ましてや、鉄砲の部品をなくせば、「貴様、兵隊の魂を何と思うか」ということになる。

山本七平氏は『一下級将校の見た帝国陸軍』（文春文庫）で、こう書いている。

「『紛失《なくなり》ました』という言葉は日本軍にはない。この言葉を口にした瞬間、『バカヤロー、員数をつけてこい（合わせてこい）』という言葉が、ビンタとともにはねかえってくる」

鉄砲の部品をなくすことすら許されないのに、鉄砲を売るなんて絶対にありえない。戦車を売るなんて思いもつかない。そのくらい日本軍の士気・規律は、厳格だった。その背後に誇りがあったからだ。

民間人も軍人を尊敬していた。戦前の小学生に「大きくなったら何になりたいか」と聞けば、ほとんどの答えが、陸軍大将か海軍大将。偉い技術者になって、大発明をする、と答える生徒がたまにいたくらい。大企業の社長になる、という答えはまず絶無。まして、タレントだの、スポーツ選手だの、今の子どもたちの憧《あこが》れの職業など皆無だった。

陸軍士官学校や海軍兵学校に入学することが、小・中学生の最高の夢だった。実際、一高（現在の東京大学）や三高（現在の京都大学）よりも、格が上だった。

ところが戦後、その軍人、尊敬していた〝わが皇軍〟が、大虐殺をやったと教えられた。ノーベル文学賞を受賞した作家の大江健三郎が人生の師と仰《あお》いだ渡辺一夫（仏文学者）は昭和二十一年、雑誌『デモクラシー』に次のように述べている。

「敗戦後詳細に知らされた南京暴行虐殺事件をはじめとして数々の暴虐行為が、あの『皇軍』のしわざであったかと思うと、『はたして』という感情と『まさか』という感情とが縒《よ》り合《あ》わされた気持ちになった。しかし暗い予感が実現されてしまったことの証拠が示されるのが事実である以上、ただただ気が滅入《めい》るのである」（前掲『検証・戦後教育』から引用）

まさに、「急性アノミー」現象。これが多くの日本人の率直な気持ちだった。皇軍はカリスマだった。それがカリスマ喪失。急性アノミーがここに始まる。

「などてすめろぎは人間《ひと》となりたまいし」

前章で、GHQが天皇イデオロギーを破壊するために共産主義者を利用した経緯について述べた。そして、検閲と言論統制、農地解放。ここに重大な問題が潜《ひそ》んでいた。

戦前の日本を支《ささ》えていた根本は何か。トップにおいては天皇共同体。天皇イデオロギーによる共同体である。天皇と日本人は、共同体を作っていると考えられた。GHQはこれを破壊しようとした。天皇イデオロギーの破壊は、天皇の人間宣言に始まり、そこで終わった。

昭和二十一年元旦、昭和天皇は「年頭の詔書《しょうしょ》」(いわゆる人間宣言)を述べられた。その中で、

「朕《チン》ト爾等《ナンジラ》國民トノ間ノ紐帯《チュウタイ》ハ、終始相互ノ信頼ト敬愛トニ依《ヨ》リテ結バレ、單《タン》ナル神話ト傳説《デンセツ》トニ依リテ生《ショウ》ゼルモノニ非《アラ》ズ。天皇ヲ以《モッ》テ現御神《アキツミカミ》トシ、且《カツ》日本國民ヲ以テ他ノ民族ニ優越セル民族ニシテ、延《ヒイ》テ世界ヲ支配スベキ運命ヲ有ストノ架空ナル観念ニ基クモノニ非ズ」

と述べられた。

天皇は戦前のカリスマを失った。

日本の敗れたるはよし
農地の改革せられたるはよし
社会主義的改革も行わるるがよし
わが祖国は敗れたれば
敗れたる負目を悉《ことごと》く肩に荷うはよし
わが国民はよく負荷に耐え
試煉をくぐりてなお力あり。
屈辱を嘗《な》めしはよし、
抗すべからざる要求を潔《いさぎよ》く受け容れしはよし、
されど、ただ一つ、ただ一つ、
いかなる強制、いかなる弾圧、
いかなる死の脅迫ありとても、
陛下は人間《ひと》なりと仰《おお》せらるべからざりし。
（中略）
などて（なぜ）すめろぎ（天皇）は人間《ひと》となりたまいし。（河出文庫『英霊の聲《こえ》』）

右は三島由紀夫《みしまゆきお》の短編小説『英霊の聲』(昭和四十一年)の一節である。これは、神風特攻隊の戦死者が霊媒師の口を介して語った言葉である。それを作中の主人公「私」が聞く。こういう設定になっている。

戦前の日本人は、天皇は現人神《あらひとがみ》であると信じていた。神風特攻隊の戦士は、神である天皇に命を捧げることを誇りとし、これを支えにして敵艦に「死の突撃」をした。ところが、敗戦の翌年の元旦、天皇は「人間宣言」で自《みずか》ら神であることを否定した。天皇の名のもとに戦った者の霊魂は、浮かばれぬ魂《たましい》となった。その魂の叫びが、右の言葉であった。

これを単なるオカルト小説とするのは早計である。なぜか。主人公「私」は作者自身であると同時に、戦後の日本人すべてに当てはめることができるからである。

大正十四年生まれの三島は、敗戦によって分断された戦後の昭和を生きる中で、昭和天皇が「人間宣言」をしたことは、はたしてよかったのか、こう問いつづけた。そして、終戦から二十一年後の昭和四十一年に出された『英霊の聲』が、その問いに対する一つの帰結であった。

カリスマの保持者は、カリスマを手放してはならない。カリスマが失われ、それまでの正統性《レジテマシー》が変更されたとき、その集団は崩壊し、崩壊した集団は急性アノミーになる。

――実は朕《ちん》は人間であった――

かくて天皇イデオロギーによる共同体は、天皇の「人間宣言」によって崩壊した。

これはあたかも、アラーがイスラム教徒に「わしは実は悪魔であった。コーランはみんな逆に読め」と言ったような話ではないか。そうなったらイスラム教はどうなる。

世界の国家（民族、宗教）には、それぞれ、その国が拠《よ》って立つ正統性《レジテマシー》がある。アメリカなら建国の精神、中国（漢民族）なら中華思想、イスラエルならユダヤ教、といった具合だ。かつてのソ連ならマルキシズム。正統性はその国家の背骨だから、失われたり、大きく変更されたりしてはならない。そんなことをすると国家はアイデンティティーを喪失してアノミーを起こす。

ソ連崩壊の原因がフルシチョフによるスターリン批判であったことは、すでに述べた。だから世界中の国は、その国の正統性を教育によって子どもに叩《たた》き込む。戦前、日本の正統性は天皇イデオロギーであった。それが天皇の人間宣言によって崩壊したのである。

〝共同体〟に堕落した大企業

一方、天皇イデオロギーによる共同体とともに、戦前の日本を支えていたもう一つの共同体が、村落共同体。天皇イデオロギー共同体を頂点とすれば、底辺にあったのが村落共同体であった。

底辺における村落共同体とは何か。むずかしいことを言わなくても、江戸川乱歩《えどがわらんぽ》や横溝正史《よこみぞせいし》などの小説を読めば分かる。そこで描かれた殺人事件の動機が何だったか。江戸川乱歩や横溝正史の場合には、村落共同体における葛藤《かっとう》だ。つまり、当時の人間関係の基礎は、村落共同体にあった。

ところが、戦後の松本清張《まつもとせいちょう》や森村誠一《もりむらせいいち》の小説を読むと、ほとんどが企業における葛藤を描いている。占領政策によって、頂点における天皇システムは大打撃を受けた。底辺における村落共同体も、高度成長の始まりとともに昭和三十年頃から急速に解体した。かくて、日本を支えていた共同体が頂上と底辺の両方から破壊された。そして、まさに無連帯、大アノミー。

では、破壊された共同体はどこに吸収されていったのか。戦後の推理小説が描いたとおり、ほとんどが大企業、お役所。いずれも、本来は機能集団《ファンクショナル・グループ》(functional group)。それが急速に共同体化した。たとえば、日本の会社で社員が死亡すれば、葬儀は会社が手配する。冠婚葬祭はプライバシーであって仕事ではないから知らない、とはまず言わない。

つまり、企業という機能集団が共同体となってしまったのである。戦前、戦中までは、基礎的な人間関係は天皇との関係であり、村落における人間関係であった。しかし、そうした人間関係が全部崩れて、企業が共同体になってしまった。日本社会を作っていた共同体が、機能集団である企業の中にもぐり込んでしまった。

これがいかに恐ろしいことか。本来、機能集団にはその集団の存在理由、目的がある。民間企業であれば収益を上げることであり、官庁であれば国益を追求することだ。ところが、機能集団が一度、共同体と化せばどうなるか。

すでに述べたように、共同体の社会学的特徴は二重規範である。共同体の「ウチの規範」と「ソトの規範」とは、まったく異なる。「してよいこと」と「してはならぬこと」とが、共同体のウチとソトでは、異なるのである。つまり、ウチでもソトでも共通に通用する普遍的な規範が存在しないことが、共同体の特徴なのである。

したがって、機能集団が共同体と化せば、そこには普遍的な規範は存在しない。共同体のソトでは悪いことでも、共同体のウチではよいことになってしまう場合が出現する。たとえば、薬害エイズ事件での厚生省の対応。厚生省の本来の存在理由である国民の健康を守るという国益は蔑《ないがし》ろにされ、身内の失策を庇《かば》うという内部規範が優先されたではないか。

戦後の五〇年間は、アメリカへの無条件降伏だった

戦前までの日本の企業は、共同体化していなかったが、資本主義的経営という点では前近代

的だった。どこかを手本として資本主義的経営を学ばなければならなかった。それがアメリカである。戦後、日本の企業は、契約概念から商品の品質管理や複式簿記にいたるまで、すべてアメリカを手本とした。

戦後の日本人は、資本主義的経営を輸入することで、アメリカを手本とすることが習《なら》い性《せい》となってしまった。かくて、アメリカのマインド・コントロールは占領が終了してからも脈々と引き継がれたのである。言わば、無条件降伏である。

戦後の教科書には、先の大戦で日本は無条件降伏をしたと書いてある。しかし、これは間違いである。軍隊の無条件降伏と、国家の無条件降伏を完全に混同している。教科書検定で正すべきは、こういう根本的な間違いである。

本来、国と国の間で、無条件降伏ということはない。先述した第一次世界大戦後のヴェルサイユ条約は、実質的に無条件降伏に近かったが、やはり、無条件降伏ではない。

日本の場合も、軍隊の無条件降伏であって、国家の無条件降伏ではない。その証拠に、ポツダム宣言には条件が付されていた。その第五項にいわく、「吾《ワレ》ノ条件ハ左ノ如《ゴト》シ（以下略）」。たとえば、「吾等《ワレラ》ハ日本人ヲ民族トシテ奴隷化セントシ又《マタ》ハ国民トシテ滅亡セシメントスルノ意図ヲ有スルモノニ非《アラ》ザル（以下略）」（第十項）。日本人を奴隷にはしない、皆殺しにもしないと条件を付けていた。ここを読み飛ばしている人が多い。

ポツダム宣言の受諾は、日本の軍隊が無条件降伏するという意味であって、国家に対する無条件降伏ではない。日本ではそれを混同した人が多い。

以上が大前提。しかし、実質的に日本がアメリカに無条件降伏したのは、戦後であった。アメリカのやることは何でも正しい。日本のやったことは、すべて間違っている、というマインド・コントロールをされて、そのとおりになったのだから、実質的に無条件降伏である。

日本は無条件降伏した。アメリカの思うままになった。日本が本当に戦争に負けたのは、戦後である。無条件降伏したのも戦後である。

象徴的だったのが、湾岸戦争での一三〇億ドルの支出（一九九一年）である。

日本は何のために金を出したのか

日本はアメリカに一兆七九〇億円を支払った。英国には三九〇億円。以下、サウジ・アラビア一九二億円、エジプト一四七億円、シリア七六億円、フランス六五億円、パキスタン三〇億円、セネガル七億円。クウェート、バングラデシュ、モロッコ、ニジェールに各六億円。

日本は増税（石油税の上乗せ）を受け入れ、日本国民は一人当たり実に、一万円もの財政貢献を行なった計算になる。ところが、湾岸戦争終結後、クウェート政府が発表した感謝国リストの中に、JAPANの文字はなかった。日本は莫大な支出をしながら、何の感謝もされなかった。日本はアメリカの言いなりに、いくらでも金を調達する国だという評価が国際社会に定着した。

あれだけ消費税導入に反対した日本国民も、一三〇億ドルの支出には文句を言わなかった。ただ、額が多いだの、出すならもっと早く出せだのと言っていただけだ。自衛隊の派遣についても、憲法の制約があるから駄目だとか、（戦《いくさ》では後方支援も前線も責任において区別などないのに）後方支援までならよいとか、といった議論だけだった。そもそも、なぜアメリカの要求を受け入れなければならないのか、という議論を誰もしなかった。

湾岸戦争のときに、アメリカが日本に協力を迫った根拠は日米安全保障条約である。「日本とアメリカは軍事同盟だ。だから、アメリカが戦争をするときに助太刀《すけだち》しろ」と言ってきた。日本は助太刀（軍事的貢献）は嫌《いや》だから、代わりにお金を受け取ってくださいとなった。

誰が見たって、日米安保は軍事同盟に決まっている。アメリカは日本の軍事基地を使用できると言うのだから、明らかに軍事同盟。これも国際法の初歩の入門。日米安保が軍事同盟ではないなんて言う人、これは国際法を全然知らないと告白したようなもの。日米安保は軍事同盟である。

軍事同盟は仲よし同盟ではない。安保条約は契約である。契約には条文がある。だから、条文に決められた義務を遂行すればよい。

では、日本の義務は何か。アメリカに軍事基地を自由に使わせる、それだけである。実際に使わせた。もし日本が、アメリカに日本の軍事基地を使わせなかったら、アメリカは物資輸送の中継点を失い、湾岸戦争はできなかった。その意味で、充分に貢献している。

安保条約のどこに、アメリカが戦争をするときに日本が助太刀すると書いてあるか。書いてない。お金を出すと書いてあるか。書いてない。だから、「日本はすでに義務を遂行している。それ以上のことはやりません」と、きっぱり言えば済むことだ。

一三〇億ドルの支出は、国際法上は不必要だった。自由貿易を守ることが日本の生命線だから、その意味で支出するというなら一つの理由になる。しかし、誰もそんなことも言わなかった。国際貢献という虚名に酔って、結局、何がなんだか分からないまま支出した。出すなら、気前よく出すべきだとか、額が大きすぎるとか、そういう議論しかなかった。すべてアメリカの言いなりだった。

まさに、急性アノミー。日本としての規範、判断基準がどこにもない。アメリカの言うことは正しい、アメリカの言うとおりにしていれば間違いない……。

これぞ、ＧＨＱ「日本人洗脳計画」の大成果ではないか。アメリカによるマインド・コントロールの結実である。

「急性アノミー」を拡大再生産した共通一次試験

戦後日本に発生した「急性アノミー」を拡大再生産したのが、いわゆる受験戦争である。受験勉強は、なぜいけないのか。子どもたちが泣くのが可哀相《かわいそう》というだけではない。最大の問題は、友だち、同世代の人間が全部敵になることだ。子ども同士の連帯《ソリダリテ》がズタズタになる。若者にとって最も大切なのは、同じ年齢の人びととの連帯感。それが破壊されてしまった。

決定的だったのが、共通一次試験（現在のセンター試験）。共通一次が導入（昭和五十三年）されてから、早稲田、慶応をはじめとする私立の入試が急激にむずかしくなった。昔は「三流、四流」と評されていた大学まで「一流校」になった。

戦前の受験勉強は、中学校四年生、五年生が潜《くぐ》る試練だった。それですら弊害が大きかった。ところが戦後になって入試がますますむずかしくなった結果、高校三年間、大学入試の勉強に集中しないと、いい大学に合格しなくなった。

さらに、一流の高校に入らないと東大に合格できなくなった。その結果、一流高校に入るための激烈な受験戦争が生まれ、受験勉強が中学まで拡《ひろ》がった。これが大問題。三木《みき》（武夫《たけお》）内閣の文部大臣として共通一次試験の導入を推進した永井道雄《ながいみちお》こそ、戦後教育の「戦犯」である。

もう一人の戦犯が、小尾乕雄《おびとらお》（東京都教育長）。「十五の春（高校入試）を泣かせない」と称して、学校群制度をつくった。そのとき、筆者は「今度は十二の春（中学入試）を泣かせることになる」と反対したが、この声は届かなかった。はたして、実際そのとおりになった。日比谷高校などの都立特権校がなくなった代わりに、私立特権校が誕生した。東京では、「御三家《ごさんけ》」と称される麻布《あざぶ》・開成《かいせい》・武蔵《むさし》などの有名私立校が中高一貫教育のシステムを採用していることから、「十五の春」は「十二の春」まで繰り下がった。

かつて共通一次試験や学校群制度の導入を提唱した人びとには、ぜひ、現在の中学受験の実態を研究してもらいたい。小学四年生が、四谷大塚《よつやおおつか》などの受験塾に日参し、模擬試験を受けている姿を、その目で確かめていただきたい。

これでも教育と呼べるのか

今や、泣いているのは「十二の春」だけではない。「お受験」と称される小学校入試、幼稚園入試のための受験塾が都内には氾濫《はんらん》している。今の子どもたちは、「四つの春」から泣きつづけなければならない。

それだけではない。受験において同世代の友だちはすべて敵となり、子どもたちの連帯がズタズタに切り裂《さ》かれた。まさに、「急性アノミー」の拡大再生産である。

そもそも、教育とは何か。ルソーは「教育の目的は機械を作ることではなく、人間を作ることだ」(『エミール』)と述べた。

つまり、自分の頭で物事を考えられるような人間に育てるということである。そして、実生活で直面するさまざまな問題を解決する能力を与えることである。そのために必要な知識を教え、知力や体力を育てることだ。それは、人間は教育されたことを土台としてしか、問題を解決できないからである。

ところが、戦後日本の教育はどうだ。人間を作ることではなく、条件反射するネズミを作ることを目的としているではないか。学校は、鋳型《いがた》にはまった人間を次から次へと生み出す鋳物工場と化しているではないか。〝金太郎飴《あめ》〟の子どもたち。本当に可哀相だ。

入学試験で出題される問題には、あらかじめ「正解」が用意されている。答えるべき「正解」は一つである。マークシートの上で、唯一の正解を塗《ぬ》り潰《つぶ》すことに成功した者だけが、優秀と言われエリートとして選抜される。正解に達することができなかった者は、人生の落伍者となる。

学生は入試に出題される可能性がある問題だけを勉強する。問題の正解を記憶することだけに汲々《きゆうきゆう》としている。入試に関係のない学科や問題は勉強しようともしない。

人生の方程式に「正解」はない

先に述べたように、現在の試験制度、受験地獄がもたらした最大の歪《ゆが》みは、子どもたちの連帯を引き裂き、「急性アノミー」を拡大再生産したことだ。加えて、もう一つの問題は、学生が問題にはかならず「正解」があると思い込んでしまうことである。しかも、「正解」は決まって一つしかないと考えてしまうことだ。

これがいかに恐ろしいことか。数学の方程式の問題を例に考えてみたい。拙著『数学を使わない数学の講義』（ワックブンコ）でも述べたが、入試の弊害を考えるうえで有益な論点なのでここで再説する。

学生が使っている数学の教科書や問題集に載《の》っている問題は、いずれも「解《かい》」のある方程式、しかも解ける方程式である。入試で出題される方程式も同様である。

しかし、代数方程式その他の初等（関数の）方程式にせよ微分方程式にせよ、方程式がかならず「解」を持つとはかぎらない。持っていても所定の方法で解けるとはかぎらない。むしろ「解」を持たないほうが、ふつうなのである。また、「解」があっても、求める方法がないために近似値《きんじち》しか求められない場合もある。

本来なら、中学一年生の段階で、方程式がかならず「解」を持つとはかぎらないということをきちんと教えるべきなのだが、現実にはほとんどの学生が、方程式はかならず解けると思っている。「解ける方程式」にだけ慣らされている。だから、「解けない方程式」に出会うと右往左往《うおうさ》するばかりで、どう対処してよいか分からなくなる。

実生活で直面する問題に「正解」があるとはかぎらない。むしろほとんどの場合、「正解」は用意されていないと言ってよい。仮《かり》にあったとしても、「正解」が一つであるという保証はない。正解が一つであったとしても、求める方法がないために、近似値にしか近づけない場合もある。まさに「一寸先は闇《いっすんさきはやみ》」なのだ。その闇に果敢《かかん》に立ち向かっていくための土台を築《きず》くことが本来の教育の目的なのである。

ところが、受験勉強というプロセスの中で、問題にはかならず一つの正解があるという刷込《すりこ》みを受ければどうなるか。正解が用意されていない問題に直面したとき、右往左往するばかりで、どう対処してよいか分からなくなるではないか。

日本人がすぐに思考停止するのはこのためである。けっして自分の頭で考えようとしない。右往左往しながら、誰かが正解を教えてくれるのを待ち望み、教えられたことだけを従順に信じこむのである。

だから、日本人はアメリカが偉《えら》いとなったらアメリカだけ。南京大虐殺があったと教えられれば、鵜呑《うの》みにする。何が正しくて、何が正しくないかを判断する能力がなくなった。誰かが、これが絶対に正しいと言えば、盲目的についていく。その意味で象徴的だったのがオウム事件である。

一流大学を卒業した四十代の医師が、「教祖」から地下鉄にサリンを撒《ま》けと言われたら、「ハイ」と撒く。事件の全容がしだいに明らかになるにつれ、世間は「なぜ、あんな真面目で優秀な人が」と驚いた。精神に狂いが生じたわけではない、アノミーなのである。

オウム事件は、まさに現代日本の縮図であった。何でもアメリカ様の言うとおり。アメリカ様の言うことはすべて正しい。アメリカ様に逆らえば、地獄に落ちる……。「アメリカ」を「教祖」に置き換えれば、まったく同じ構造ではないか。

大学紛争という名のアノミー

アノミーの特徴は、最も正常な人が狂者よりも狂的になることだ。

後述する「新左翼」という急性アノミーを生んだ根は、大学紛争だ。昭和三十五年（一九六〇年）のいわゆる「六〇年安保」騒動の時からである。

六〇年安保当時、筆者が「安保反対」と叫ぶ学生や教授陣たちに、「安保のどこに反対なのか」

と聞くと、「最初から最後まで反対だ」と答えた。これは変だ。そこで、「安保の条約の締結に反対なのか、改定に反対なのか」と聞き直すと、「両方とも反対だ」と答えた。これも変。吉田茂が締結した旧安保条約と、改定した新安保条約とはまったく違う。あれやこれや問い詰めてみると、驚いたことに安保条約を全然読んでいない。

評論家の西部邁《にしべすすむ》氏が、かつて左翼運動家として「安保条約に反対した時、実は安保条約など全然読んでいなかった」と告白しているが、このことは何を意味しているか。暴《あば》れること自体が目的で、反対する理由など、どうでもよかったということだ。無差別大暴れだ。「安保反対闘争」には、何の理由もなかった。同様に、大学紛争も何の目的も掲げ《かか》なかった。

同時期、ヨーロッパでもアメリカでも大学紛争が吹き荒れた。だが、日本と根本的に違う点は、学生がいくつかの要求を掲げて戦ったことだ。実際に、いくつかの要求が実現し、大学の致命的欠陥が多少は改められた。

ところが、日本ではあれほどの大学紛争をやりながら、大学改革は何もなされていない。その理由は明白。あんなに暴れながら要求が何もなかったからである。

日本の大学は世界最低

外国と比較すれば、日本の大学には三つの致命的欠陥がある。

第一番目の欠陥は、教官の自由移動がない。ヨーロッパの大学では、教官は移動するのが基本。日本では各大学が学閥を作り、他の学閥から教授を招聘《しょうへい》することは、めったにない。

二番目に学生の自由移動がない。日本では転校は小学校、中学校あるいは高校まで。大学で自由に転校するという考え方がない。アメリカでは自由に移動して、元の大学で取得した単位はそのまま認められる。ドイツの大学は完全に自由。

三番目に図書の自由移動がない。ドイツの大学では、図書館は誰でも利用させる。二四時間開いている大学もある。アメリカでも、アラスカ大学のこの図書館のこの本の何ページから何ページまで読みたいとハワイ大学の学生が頼むと、すぐにコピーして、ファクスで送ってくれる。

ところが、日本の場合には他の大学の図書館に入るというだけで大変だ。最も制限が厳しいのは東大法学部の図書館。教授もしくは助教授の紹介がある者、もしくは、東大法学部で博士号を取った者。それ以外の者には貸さない。

欧米では、どの大学の学生にも貸し出すのが大原則。外国にはライブラリー・サイエンス（司書学）があるが、日本にはほとんどない。

この三つの原則がないという点で、日本の大学は世界最低である。

ところが、あれだけの激烈な大学紛争をやっておきながら、この三つの大欠点を改めろという要求は、誰も出していない。暴れること自体が目的であって、他の目的がなかったということは明確なのだ。明らかにこれはアノミーである。

なぜ新左翼は無差別殺戮《さつりく》に走ったか

大学紛争の末に誕生したのがいわゆる新左翼である。新左翼がやったのは、無差別の殺し合いだ。論理的に考えれば、革マル派と中核派が同盟して、日本共産党と戦う、あるいは、共産党とさえ同盟して自民党政府と戦うのが目的を達成する合理的な戦略である。しかし、それはいっさいやらない。似たもの同士で戦っている。

向こうが何人殺したから、こっちも殺す。単純な復讐の論理。さらには、誰でもいいから殺せということになる。機動隊を何人も〝殲滅《せんめつ》〟したと自慢する。

これは、右翼が絶対にやらないことだ。中野正剛《なかのせいごう》が言うように、警官だって日本国民だ。殺すなら政治家や大資本家でなければ意味がない。

もう一つ。新左翼は、やたらに誤爆をした。関係ない人を間違って殺す。右翼は絶対これはやらない。革マル、中核、連合赤軍ほどアノミーの症状を明確に表わしているものはない。カルト教団と酷似している。

無差別殺戮《さつりく》でいちばん典型的に表われているのは、「狼《おおかみ》グループ」。間組《はざまぐみ》や三菱重工のビルを爆破した。帝国主義侵略がそんなにけしからんと言うなら、重役を殺すべきだ。ところが、関係のない通行人まで巻き添えにした。ビルの玄関に爆弾を仕掛けても重役や社長が死ぬわけがない。関係のない通行人が死ぬに決まっている。それをやった。

しかもやった人間は、実は真面目《まじめ》な学生だったり、ふつうのサラリーマンだった。当時も、あんな真面目な人がなぜ、と人びとは驚いたが、これが新左翼の行き着く終着駅である。カルト教団の原型がそこにあった。

カルト教団と新左翼は同型

オウムなどのカルト教団と新左翼とは、同型である。というと、必ず反論が出る。時代も教義《ドグマ》も違う――と。

それを解くカギが、家庭内暴力と〃いじめ〃である。まず、家庭内暴力から分析してみよう。

新左翼の暴力が下火になった頃から、家庭内暴力が猛威を振《ふ》るうようになった。なぜ、家庭内暴力が急増したのか。

事例を検証すると、家庭環境はあまり関係ない。親が離婚したとか、子どもを放《ほ》ったらかしていたということはあまり関係ない。過保護に育てたということは大きな意味を持っているが、それが決定的であるとまでは言えない。ましてや裕福か貧乏かとも関係ない。日教組の教育の結果だと言った人もいたが、直接には関係ない。日教組が多いところに起きて、少ないところに起きない、というものでもない。

そこで考えられたのが、アメリカの影響。アメリカにも家庭内暴力がやたらに増えていた。しかし、いくらアメリカで流行《はや》っていても、日本人がいかにアメリカかぶれでも、家庭内暴力を真似《まね》したというのは科学的分析としては無理な話である。

科学的に分析してみると、アメリカの影響ではないということがすぐに分かる。アメリカで家庭内暴力に走る子どもは、まずアルコールを飲む。つまりドランカーになる。それから麻薬を使って、その常習者・中毒者（ドラッグ・アディクト）になる。そして、チンピラの子分になる。親としては放《ほう》っておけない。家庭内でも大論争になる。親子紛争が高《こう》じて、家庭内暴力。だから、アメリカでは家庭内暴力事件が起きた時に、周囲の人が「アイツなら、やりそうなことだ」ということになる。

ところが、日本では逆である。どの事件でも「あの子がまさか……」となる。狼グループの時と同じである。真面目だと思われていた子どもが、ある日突然に親に暴力を振るう。

親に暴力を振るうような子どもは、酒を飲んだり、麻薬を使ったりしない。友だちに誘われて一緒に万引《まんびき》をやったりもしない。ましてや暴走族になったり、ヤクザの子分になったりもしない。そういうことをやる子どもは、とことんまでいかない。非行を途中でやめてしまう。彼らの言葉で言えば「卒業」する。

なぜ「卒業」するのか。誰かと一緒に犯罪をやれば連帯ができる。だから、そこで止まる。ヤクザの子分になったり、暴走族になったら、確固とした連帯ができる。そこで止まる。だから、親を殺す必要がない。

ところが、酒も飲まない、麻薬も使わない、万引もしない、ましてや暴走族やヤクザなんていう人は、どこにも連帯ができない。そういう子が、極限状況に行けば、親を殺す。

新左翼が求心力を失った結果、急性アノミーが家庭内に向けられた。今でも新左翼の残党がいるが、ほとんどが、四十代、五十代。ほかに行き場がないから残党になっているだけだ。

平成の〝いじめ〟が自殺者を出す理由

新左翼が若者にとって魅力がなくなった結果、生まれたのが家庭内暴力。さらにそれが昂進《こうしん》したのが、いわゆる〝いじめ〟。

今や、〝いじめ〟は大問題。政府が死に物狂いになって調査しているが原因が分からない。どうしても真相がつかめない。なぜか。社会科学的な分析をやらないから、分からないのである。〝いじめ〟という現象自体は、昔からあった。世界中どこにでもあった。しかし、今の日本の〝いじめ〟はそれとは全然違う。これがポイント。

どこが違うのか。昔のいじめは、いじめる主体がいた。いじめられる客体がいた。ガキ大将は、「お前、俺の子分になれ」。「はい、子分になります」と言うといじめるのをやめる。「なりません」と言うと、さんざんにやられる。そういういじめは世界中どこにでもある。いじめられたくなかったら、ガキ大将以上に強くなれ。ディズレイリ（英国首相）は「ユダヤ人の子だ」といじめられたから、ボクシングの稽古《けいこ》をやって相手を張り倒した。これがベスト。セカンド・ベストは、子分になれと言われたら、忠実な子分になる。とりあえず、いじめはなくなる。

主体があって客体がある場合には、相手を張り倒すか、悔《くや》しいのを我慢して子分になるか、そのどちらかで〝いじめ〟は解消する。いずれにしても自殺するほどのことではない。

ところが、平成の〝いじめ〟は、いじめる主体がなくて客体もない。だから救いがたい。強《し》いて言えば、いじめる主体は「空気」だ。あいつは汚いだとか、臭いだとか、〝いじめ〟の空気ができる。そうすると、ひじょうに陰鬱《いんうつ》な〝いじめ〟をやる。子どもたちの間に連帯がないから余計《よけい》に恐ろしい。

主体も客体もない「空気」が犯人だから、矛先《ほこさき》がどこに向かうか分からない。ガキ大将によるいじめだったら、ガキ大将が自分の子分にならないやつをいじめる。しかし、空気による〝いじめ〟だから、その時の状況次第でどこに吹いていくか分からない。

誰かが誰かをいじめるという空気をつくる。すると関係のない生徒までその空気に乗る。乗らないと、いじめが自分に来る。かくて〝いじめ〟という空気が、クラス全体に漲《みなぎ》る。しかも、アノミーだからいっさいの規範がない。

被害者が自殺するような悪質ないじめが起きても、ほかの生徒はいっさい口出ししない。いじめの空気に逆らって、自分がいじめられたら、大変だ。だから、見て見ぬふりをするしかない。空気によるいじめには、特異な怖さがある。「空気」が犯人だから、文部省が数百億円の予算を使って、いじめ調査をしても解決策が分からない。

莫大な予算を計上して、あんな馬鹿げた調査を続けるくらいなら、戸塚《とつか》ヨットスクールの戸塚宏《ひろし》氏に任せたほうが、よほどマシだ。戸塚氏なら、いじめなんかあっという間になくしてしまうだろう。

戸塚ヨットスクールは、なぜ成功し、失敗したか

とても重要な問題だから、戸塚ヨットスクールについて若干敷衍《じゃっかんふえん》する。まずは読者に質問。

第一問——戸塚ヨットスクールはなぜ、問題児の更正に驚嘆すべき効《き》き目があったのか。

第二問——しかし、成功したケースと、大失敗して児童が死亡したケースと、二つに分かれたのはなぜか。

両方の答え——戸塚宏氏は、破天荒《はてんこう》の天才であり真の教育者でもあるが、同時に無学であったから。

家庭内暴力の場合も、ほとんどの事例が、まず病院に連れていく。専門医が診《み》て、どこも悪くありません、神経に異常はありません、精神にも異常がありません、専門の医者がそう言えば、親は仕方がないから、家に連れて帰る。しかし、ますます暴れて、ついに殺し合い。

ところが、そんな子どもを戸塚ヨットスクールに連れてくると、ケロリと治る。なぜか。神経病でも、精神病でも、心身症でもない、アノミーだからだ。

戸塚校長が渾身《こんしん》の誠意を込めて、バカッ、バカッと、ぶん殴《なぐ》る（マゾヒズムは皆無）。それからヨットに乗せて、独《ひと》りで海に出ろと命ずる。ヨットに乗って独りで海に出て行けば、たいが

い死ぬ。だから、その前に猛訓練を受けなくてはならない。ヨットの猛訓練は、教師に絶対服従。ぶん殴ってでも教え込まなければ、海で死んでしまう。死に物狂いの猛訓練をやっているうちに教師との間に連帯ができる。連帯が生じればアノミーは収まる。

しかし、一見、アノミー現象に見える児童の中に、ごく少数、本当の病人もいる。神経病、精神病、心身症（サイコソーマティックス）になっている場合がある。神経症だったら本業の医者にかからなくてはならない。精神病だったら、精神科の医者にかからなくては治らない。心身症だったら、精神分析学者が治療すべきだ。

ところが、今のカウンセラーは、精神病とアノミーの区別がつかない。アノミーは精神病ではない、社会現象。だから、医者にも分からない。診断しても「異常なし」と言うしかない。それで家に帰ったら親子殺し合いになる。

戸塚宏氏は、医学や神経学、精神病理学、精神分析学を知らないから、本当の病人とアノミーにかかっている人間との区別がつかない。

新左翼、親子殺し合いの家庭内暴力、いじめ、オウム教団、全部アノミーだ。新左翼は没落したが、アノミーは家庭内暴力、いじめに吸収されていた。それをカルト教団が結集したということなのである。

そして、ついに死に至る病《やまい》は行き着いた。アノミーは、日本の舵取《かじと》りたる高級官僚に浸潤して官僚制を腐朽《ふきゅう》させ、機能を失わせた。終焉《やんぬるかな》。

今こそ、日本人の誇りを取り戻す教育を

平成七年が「戦後五〇年」に当たることから、再び、日本の「侵略戦争」を非難したり、日本はアジアに謝罪すべきだとする論調が活発になった。こうした論調を掲げているのは、ほとんどが、昨日までマルキスト、「進歩的文化人」、「戦後民主主義者」を自称してきた連中である。

しかし、マルキシズムが滅び、ソ連邦が崩壊し彼らの後《うし》ろ盾《だて》がなくなった。言うべきことがなくなった。だから、以前にも増して猛烈に日本の歴史は罪悪の歴史であると言いはじめたのである。

戦後半世紀以上も続いたアメリカのマインド・コントロールから脱却するためには、事実に即した正確な歴史観を持つことが必要である。

敗戦によって、戦後日本人はＧＨＱに完全に洗脳されてしまった。アメリカの罠《わな》にはまってしまった。いわゆる「東京裁判史観」、ＧＨＱが作成した「太平洋戦争史観」を植え付けられた。「南京大虐殺」があったと信じこまされ、完全にマインド・コントロールされている。

その結果、アノミーが生まれた。日本人は信じていた皇軍に裏切られた。皇軍が大虐殺をし

たと教えられた。天皇陛下は人間となった。村落共同体は崩壊し、企業が戦後日本の共同体となった。アメリカ資本主義の輸入はマインド・コントロールを定着させた。

学制改革の歪《ひず》みがもたらした受験戦争は「急性アノミー」を拡大再生産した。友だちはすべて、敵となった。完全な無連帯、無規範を生み出した。アノミーでは、正常な人間が狂者となる。新左翼しかり、カルト教団しかり。

今、子どもたちの未来は風前《ふうぜん》の灯火《ともしび》である。

ルソーは、「人間は二度生まれる。一度目が誕生、二度目が青春だ」と語った。

ゲーテは、「すべて偉大なるものは青春において作られる。その後の人生は注釈にすぎない」と言った。

人間にとって、青春期とは、何ものにも掛《か》け替《が》えのない貴重な時期である。それが受験、受験。学校に行けば〝いじめ〟があり、家に帰れば、親子の断絶、家庭内暴力。授業で教わることとは、GHQが残していった「東京裁判史観」。日本人であることに誇りを持てず、心を許せる友だちもいない。人生の目標は「一流大学」に合格することだけだ。完全なアノミーである。無規範、無連帯ではないか。

このままでは、子どもたちが危ない。日本人が危ない。放っておけば、みな、狂者、いや狂者より狂的になってしまう。一日も早く、アメリカのマインド・コントロールから脱却しなければならない。大東亜戦争は本当に「侵略戦争」だったのか。「南京大虐殺」は本当にあったのか。日本軍は「従軍慰安婦」を「強制連行」したのか。伝統主義から脱却し、合理的に考え、判断してみれば、誰にでも分かることだ。

だが、冒頭で紹介したように、中学校の社会科（歴史）の教科書には、ついに「従軍慰安婦」の記述が盛《も》り込まれるようになった。「南京大虐殺」の被害者数も誇大な数字が一人歩きしている。教育現場は自虐的な暗黒史観に染《そ》まっている。

最近の学生は、日本史の授業が始まると「ああ、また日本の悪口か」とつぶやくそうだ（藤岡信勝、自由主義史観研究会著『教科書が教えない歴史』扶桑社文庫）。

もし、あなたが父親なら、家にあっては、父親としての権威を保《たも》つべきだ。何が正しいことで、何が間違っているのかを子どもに教えなければならない。日本人であることに誇りを持ち、それを子に伝えなければならない。

メディアを「進歩的文化人」や「進歩的マスコミ人」が独占し、教育現場を日教組と文部省の談合政治が動かしている今、どうしてまともな日本人が育ってこようか。

本来なら友だちとなるべき人びとを敵と看做《みな》し、アノミーを起こしながら、ひたすら暗黒史観を頭に叩き込んだ連中が、拡大再生産されている。その中で暗黒史観を最もしっかり記憶した者がエリートとなって、この国の中枢に入っていく。日本よ、汝《なんじ》の日は数えられたり。

自虐教育がアノミーを激化させる

このアノミーが、歴史始まって以来、比較も前例も絶して、いかに恐ろしいものか。縷述《るじゅつ》してきたが、その「恐ろしさ」は繰り返しすぎることはない。ここに、本書の論旨をまとめて開陳しておきたい。

本書が上梓《じょうし》される所以《ゆえん》は、「謝罪外交が教育にまで侵入した」からである。日本の謝罪外交が本格的にスタートを切ったのは、昭和五十七年の「〃侵略→進出〃書替え誤報事件」以後である。それから後は、日本は外国に内政干渉のされっぱなし。中国、韓国などの外国が日本人の「歴史観が悪い」と言ってくると、何がなんでも「ご無理、ごもっとも」とストレートに謝罪してしまう。このパターンが定着した。

これを見て反日的日本人がつけあがった。「あることないこと」ではない。ないことをあることとして捏造《ねつぞう》して反日史観をぶちあげる。挙げ句の果てには、日本政府が平目《ひらめ》よりもヒラヒラと謝って、反日史観が拡大再生産される。この謝罪外交は、日本の主権と独立を否定する。その謝罪外交が、ついに教科書に侵入した。

日本の教科書は、共産党の「三二年テーゼ」と、日本は罪の国とした「東京裁判史観」によって書き貫かれている。占領軍とマルキシズムによる日本人のマインド・コントロールは、ここに完成を見たのであった。

史上、前例を見ない急性アノミーが、これまた前例を見ない規模と深さにおいて昂進《こうしん》することは確実である。戦後日本における急性アノミーは、天皇の人間宣言と、大日本帝国陸海軍の栄光の否定から端《たん》を発した。これほどの絶望的急性アノミーは、どこかで収束されなければならない。

収束の媒体《ばいたい》となったのが、一つにはマルキシズムであり、もう一つは、企業、官僚（組織）などの機能集団であった。初めの外傷があまりにも巨大であったため、急性アノミーは猖獗《しょうけつ》をきわめた。

これを利用したのが占領軍である。占領軍は、日本の対米報復戦を封じ、日本を思うままに操縦するために、空前の急性アノミーをフルに利用すべく戦術を立てたのであった。アメリカ占領軍は、社会科学を少しは知っていた。日本人は、昔も今も、まったくの社会科学音痴《オンチ》いや無知である。これでは、勝負にも何にもなりっこない。猖獗する急性アノミーで呆然《ぼうぜん》自失、巨大な精神的外傷《トラウマ》で精神分裂症を起こしかけていた日本人に、マインド・コントロールがかけられた。

「巧妙な」と評する人が、あるいは、いるかもしれないが、実は「巧妙」でも何でもない。「公式どおり」のマインド・コントロールであった。だが、公式どおりのマインド・コントロールでも、急性アノミーの渦中にいる科学無知の日本人にはズバリ効《き》いた。受験勉強しか知らない偏差値秀才にカルト教団のマインド・コントロールが効くように――。ただし、占領軍によるマインド・コントロールは、「日本の歴史は汚辱の歴史である」と教育したために、日本の急性アノミーを、さらに昂進させた。

終戦後、当初の急性アノミーを吸収するはずであったマルキシズムは、昂進しすぎた急性アノミーによって解体されることになった。マルキシズムは、日本共産党を見棄てて新左翼に突入することによって、無目的殺人、無差別殺人にまで至る――これらはその後、特殊日本的カルト教団に引き継がれる――。前代未聞のことである。

新左翼が下火になってきた頃から、「家庭内暴力」さらにすすんで「いじめ」が跳梁《ちょうりょう》をきわめるようになる。いずれも根は同じ。ますます昂進してゆく急性アノミーである。急性アノミーの激化を助長したものは何か。一つには、友人をすべて敵とする受験戦争である。しかし、決定的なものは何か。致命的なものは何か。

「日本の歴史は汚辱の歴史である」「日本人は罪人である」「日本人は殺人者」であるとの自虐教育である。古今東西を通じて前例を見ない徹底した自虐教育である。

占領下で自虐教育を受けた人びとが、成長して今や要路にいる。これらの人びとが、内においては、無目的・無差別殺人を敢行《かんこう》し、外においては平謝り外交を盲目的に続けている。「親子殺し合いの家庭内暴力」「自殺に至る〝いじめ〟」を生んだのもこれらの人びとである。

平成九年度から行われる究極的自虐教育。急性アノミーはどこまで進むであろうか。どのような日本人を生み出すであろうか。

附　録　東京裁判とは何であったか

負ければ犯罪人か?

ケネディ政権下で、フォード社の社長から、米国防長官になったマクナマラ氏が証言するドキュメンタリーフィルム『フォッグ・オブ・ウォー』(二〇〇四年)で、八十五歳になった氏は、「私の人生は戦争と共にあった」と驚くべき告白をしている。

「第二次大戦中、私は統計管理官として、東京大空襲で如何に効率的に日本人を殺戮できるかを仲間と共に研究した。その結果、一晩で子供を含む十万人を殺した」

上官ルメイ中佐(後に将軍)は、「負ければ戦争犯罪人だ!」と言っている。

それでは「勝てば許されるのか?」とマクナマラ氏は自問自答する。

更に「日本全土、六十七都市を爆撃し、その上、原子爆弾を落とす必要があったのか?」「私は戦争にも目的と手段の釣り合いが必要だと考える」。

またこうも語っている。

「原爆投下を許可した好戦的性格のルメイや、私と意見を違えて、ケネディ亡き後、ヴェトナム戦争を拡大、泥沼に落ちたジョンソン大統領も『国家と国民のために』と称した行為である事を思う時、『人は善をなさんとして、如何に悪をなすものなのか』（パウロの「ローマ人への手紙」）という言葉を思い起こす」

列強の外交と弱小国の外交

非常に公平に観て、大東亜戦争が侵略戦争ではなかったということは明らかである。大東亜戦争の前までは、有色人種は殆ど白人の植民地人、独立国といえばタイと日本しかなかった。タイは、名目上は独立国ではあるが、イギリスやフランスに圧迫され、痛めつけられて植民地寸前というような状況だった。

インドは十九世紀後半にすでにイギリスの植民地になっている。中国はそうはならなかったが、国際法では対等に扱って貰えないで、租界というものがあった。租界というのは中国の中に勝手に、外国が植民地のような土地を作ることである。

戦前、約五十の国々があった。その中でも列強といわれる白人の幾つかの国だけが大使を交換する。それ以外の国々は、外交の代表は公使である。

たとえば、日本からシナに送る代表は中国公使だ。それ以前はヨーロッパ諸国から日本にくる外交の代表も公使であった。

その当時、まともな外交ができるのは列強だけだった。その他の国も公使を派遣されるのは未だマシな方で、条約も列強だけが平等で対等な条約を結べた。列強以外の国は不平等条約が普通に結ばれていたのである。

不平等条約とは何かと言うと、一つは治外法権を伴う条約、もう一つは関税自主権を伴わない条約である。関税自主権というのは、列強だけが勝手に自分の国に対する輸入関税の税率を決めることができる。それ以外の国はできない。

こういう条約が結ばれたら大変で、イギリスとアイルランドの力関係みたいに、下手すると忽《たちま》ちその国の経済的属国になってしまうのである。

治外法権というのは、列強とそれ以外の国が条約を結ぶと、列強の国民は犯罪を犯しても、その当事国の裁判を受けなくてもよろしいという大変な権利である。このような不平等条約というのを列強以外の国々と自由に結んでいた。

これはどういう事かというと、列強以外の国々は、列強がその気になればいつでも植民地にしてやるぞという前提で、このようなヨーロッパ列強の植民地になっていないのは日本だけだった。

日本でも不平等条約を跳ね返すには、明治時代に大変な苦労をした。不平等条約を完全に脱却したのは明治になってから三十年近くたった明治二十七年、日清戦争が起こる前日である。ところが関税自主権にいたっては、それからもなかなか許してくれなかったので、完全に獲得したのは日露戦争に勝ってからだ。

つまり日本が完全に独立したのは、日清日露戦争に勝ったからというわけである。アジア諸国は日清日露戦争なんてやってないので、依然として列強ヨーロッパの植民地だった。

そのような事態を一変させて、国際法というまともな基準に変革し、世界の国家が完全に平等になったというのは大東亜戦争の結果である。

これだけ見ても、大東亜戦争が如何に大きな意味を持っているか、世界史に特筆すべき大事件だったかという事は明らかである。

開戦に至るまで

昭和の動乱の始まりは、昭和六年の満洲事変である。日露戦争で日本は勝ったが、最大の利益は南満洲鉄道の獲得であった。日本は、これを守るために関東軍を設立したが、中国側の反撃も大きかった。

中国は、日本人を虐待し、或いは、殺しさえもした。満鉄に並行線を引く計画までたて、その営業を多く妨害した。そのため、日本が得た満蒙《まんもう》の利権は怪しくなりそうであった。

この満蒙の危機を打開するために、決然として起こしたのが満洲事変である。これは石原莞《いしはらかん》爾《じ》、板垣征四郎《いたがきせいしろう》を中心とする軍人達の計略であった。

石原は、作戦の名人であり、当時、満洲は張学良《ちょうがくりょう》の率いる、およそ五十万の軍隊の支配下にあったが、石原は、密かに十一インチ榴弾砲《りゅうだんほう》を持ち込み、僅か一万人ほどの軍隊で張学良の大群を追い払ってしまった。

これは、石原、板垣などの独断で行ったことであり、日本軍の幹部も知らなかった。

しかし、満蒙の危機を実感し、早く何とかしなければとは誰しも感じていたことであったから、輿論《よろん》の支持を得た。初めは知らなかった軍の幹部も、同意して協力せざるを得なくなり、当時の政府（若槻礼二郎《わかつきれいじろう》内閣）も、口には不拡大方針を唱えつつも、結局同意して、予算も出した。

しかし、これは日本の中国侵略に違いないと、大騒ぎになった。国際連盟も関与してきたが、日本は、この反対を受け付けなかった。

国連は、十三対一、四十二対一で、反対を可決したが実際にはどうしようもなかった。ただアメリカだけが、日本の軍事制裁を決意したが、海軍力が不足していることに気付いて、止めた。

国連は、英国のリットン卿に報告書を作らせた。これは、よく見ると日本に好意的ではあったが、日本は、これに気付かずに、跳ね返してしまった。日本のやり方に反対するなら止むなしと、国連を脱退してしまった。

この時の、国連とアメリカのやり方は生ぬるいものであった。日本の満洲政策に反対はするものの、「侵略国」呼ばわりもせず、何の規制をも設けるものでもなかった。これと昭和十一年のイタリアに対する態度と、十五年のソヴィエトに対する態度とも比較してもみよ。日本は自信を強め、中国は益々、反日的となった。

次いで昭和十二年七月七日、支那事変が起きた。

上海では、少しモタついたが、第十軍（柳川兵団）が、抗州湾に上陸すると、その後一カ月足らずで南京を攻略した。蒋介石は、もうダメだと、講和も決意したが、日本の近衛内閣は逆に、「蒋介石を相手にせず」との態度をとり、事変は果てしなく長引くことになった。アメリカなどは益々、援蒋《えんしょう》（蒋介石を援護すること）の臍《ほぞ》を固めた。

アメリカは、早くから対日戦の決意を固め、レンバウ（Rainbow）五号計画で、戦艦を日本の近海に集中して決戦で日本を屈服させる振りをしていた。

独ソ不可侵条約

日本が中国と戦っている間、ヨーロッパでは、第二次大戦が起きていた。一九三九年九月、ドイツがポーランドに攻め込むと、英仏がドイツに宣戦した。が、それ以前にも、正しく、驚天動地《きょうてんどうち》のことが起きていた。仇敵《きゅうてき》と思われていた、ドイツのヒトラーとソ連のスターリンが、不可侵条約を結んだのであった。

ドイツは、それ以前、日本にも、同盟の探りを入れてきていたが、相手が、ソ連だけならともかく、英仏も含めるとなると反対と言って、日本が中々応じなかった。

となると、ドイツがポーランドに攻め込めば、対英仏戦は必至だが、二正面作戦は困ると思ったドイツは、最早《もはや》これまでと、ソ連と不可侵条約へと、踏み切ったのであった。

ドイツがポーランドに攻め込むと、スターリンは北から攻め込んで、あっという間に、ポーランドは、またもや二分されてしまった。ポーランドの同盟国であったはずの英仏は、ポーランドを助けるためにドイツに宣戦布告したものの、この間、何の戦争もしなかった。

昭和十四年も、そんな風に暮れ、愈々《いよいよ》、昭和十五年となった。

ヒトラーの大攻勢

この年から、ヒトラーの西部における大攻勢が始まった。マジノ線（フランスが国境に築いた対ドイツ防衛のための要塞線《ようさい》）は、ともかくも差し置いて、アルデンヌの森を突破しての大攻勢。フランスは、あっという間に大敗して降伏してしまった（六月二十二日）。

イギリスも、既《すんで》のところとも思われたが、英国は、英独決戦（Operation Sea Lione）で辛くも、何とか持ち堪えた。が、最早、敗戦寸前のようにも見えた。

そして、昭和十六年六月二十二日（ナポレオンのロシア侵入の日）、ヒトラーは、全軍をあげて突如として、ソ連に大侵入を始めた。

レープ集団軍は、レニングラードを目指し、ボック兵団軍はモスクワを目指し、ルントシュテット集団軍は、ウクライナ、コーカサスを目指し、百二十二個師団を挙げて、ソ連軍を片端から攻撃し、包囲し、殲滅《せんめつ》していった。

ソ連軍は敗れに敗れ、片端から全滅した。ヒトラーは、六週間でソ連を亡ぼすとまで言い切った。

アメリカは、強いドイツには動転していた。

ドイツがソ連を征服して、もっとずっと強くなったらどうなる。特に英国の運命は？　イギリスがドイツにやられることは、ルーズベルトの悪夢であった。

この時代、世界で一番、技術が進んでいるのは、ドイツとイギリスだとされていた。アメリカの生産力は、世界の半ばに達するとされていたが、ドイツは既にヨーロッパの大半を押さえていた。ヨーロッパとイギリスとロシアと、全て合わせれば、アメリカに等しくもなろう。ロシアとイギリスとを、もし、ドイツが征服したらどうなる⁉

ルーズベルトは気が気ではなかった。

それ以前、既に日独伊の三国同盟は、締結されていた。

アメリカは、イギリスを助けるために、何が何でもドイツと戦争をしなければならない。それなのに、アメリカがそうすれば、強い海軍を持つ日本が、ドイツに加勢する。これだけはどうしても困る。

ルーズベルトにしてみれば、ソ連がなんとか持ち堪えている間に、英国援助のため、ドイツと開戦しなければならない。ところがそうなると、三国同盟が発動されて、強い海軍を持つ日本とも戦わなければならなくなる。アメリカは、ワシントン条約で、日本との艦艇保有比率を十対六にしたが、それでさえ必勝の自信までは持てなかった。

しかし、よく調べてみると日本は石油が足りない。殆《ほとん》ど持っていない。これこそ、日本の真の弱点だ。アメリカは、この日本の弱点に付け入る事にした。A（America）、B（Britain）、C（China）、D（Dutch）包囲陣を作り上げて日本に石油を入れないことにした。

その上で、何がなんでも、中国から撤兵しろという主旨のハル・ノートを突きつけてきた（昭和十六年十一月二十六日）。

日本の第一航空艦隊は、パール・ハーバーを奇襲して、米太平洋艦隊を全滅させ、開戦の火蓋を切った。

東京裁判は何を裁いたか

東京裁判（極東軍事裁判）は、満洲事変、支那事変、大東亜戦争における日本の指導者の戦争責任を問うた裁判である。

その直前に、ナチスドイツの戦争責任を問うた「ニュルンベルグ裁判」が行われた。ナチスの「責任」のうち最大のものは、「ユダヤ人の大虐殺」であった。戦争末期、連合軍は虐殺に気付いてはいたが、何もしなかった。この埋め合わせは、戦後の「戦犯裁判」に繰り越したのであった。

ところが、日本には、ユダヤ人の虐殺という犯罪はない。仕方がないので、その代わりに連合国が史実を歪曲して創作したのが、南京事件である。

昭和十二年十二月十三日、日本軍は、中国の都、南京を攻略した。この時、日本軍は中国人三十万、或いは四十万人を殺した、というのが「南京事件」である。

中国人好みの白髪三千丈の類《たぐい》の話であるが、東京裁判は、このような証拠の歪曲の上に成り立っている（例、畝本正己著『史実の歪曲』閣文社参照）。

東京裁判で裁かれた罪の中には、「平和に対する罪」と「人道に対する罪」という考え方がある。こんな罪は、大東亜戦争が始まった時点に於いては、国際法的には、確立されてはいない罪である。

刑法には、罪刑法定主義という重要な概念がある。事前に法に明示されている罪だけを裁く事ができるという大原則である。この大原則に照らして考えるとき、東京裁判が基礎を置く国際法は、どう考えても合法的ではない。このことは、国際法を少しでも知る者には全く明白なことである。

ただひとり「日本無罪論」

この不合法を明らかにすべく、パール博士は、「日本無罪論」を展開し、今や、世界中の学者の支持を得ている。

東京裁判に参加した多くの判事は、世界的に認められている法律家でもなく、国際法の専門家は殆どいなかった。例外はインドのパール博士だけで、彼一人だけが日本無罪論を展開した。

「ハル・ノートを突きつけられたらルクセンブルグの如き小国でも、アメリカに宣戦したであったろう」

論理明白、主旨厳正、堂々たるものである。比喩も巧みであった。

これが全世界を唸《うな》らせ、東京裁判は間違っていた、というのが、専門家の間でも定説となった。

この考え方に対しては、批判もある。東京裁判は不合法であり無効ではあった。しかし、この裁判によって新国際法が生まれたのであり、これらの働きによって、侵略戦争は不合法となり、今後、起き難《にく》くなるであろう。

この反論に対する再反論は、東京裁判の結果として新国際法は生まれたのか？　その国際法は機能しているのか？　侵略戦争は起き難くなったのか？

世界史のその後の発展は、よく観れば そんなことは少しもなかった！

侵略戦争は、益々行われるようになった。たとえば「平和に対する罪」「人道に対する罪」だけでも現時点でも頻繁に行われているではないか！　たとえばチベットに突如、侵入した中国解放軍。現在も侵略中である。

また、ニュルンベルク裁判と東京裁判では根本的に違うことがある。

ニュルンベルク裁判の時、ドイツという国家はなかった。ドイツは戦争に負けたが、大負けに負けたので、ドイツ国が連合国に降伏したのではなく、なけなしのドイツ軍が仕方なしに降伏したという形をとった。

ところが日本は、最後まで国家は解体しなかった。国家権力は存在した。そしてポツダム宣言を受諾するという形で降伏したわけである。だから日本軍は降伏したが、日本国は降伏していないとも解釈できる。

戦いに負ければ皆殺し

ポツダム宣言というのは、連合国が集まって、ドイツのポツダムで相談して作ったのだが、「我々は日本国民を皆殺しにするわけでもないし、奴隷にするわけでもない」とはっきり書いてある。こういう所は日本人は読み落としている人が多い。日本はそれを受諾したので、奴隷にもされないし、皆殺しにもされなかった。

戦争末期に、相手国に対して、奴隷にもしないし、皆殺しにしないということを何で言ったのかというと、それまでの欧米の慣行では、戦争に勝った国は、敗者を奴隷にするのも皆殺しにするのも自由だったからである。

アメリカはインディアンと盛んに戦争し、インディアンに勝利すると、皆殺しにしたり奴隷的な状態に落としたことが度々あった。

日本に対しては、「それだけは許すから降伏しろ」ということである。

また、アメリカが犯した致命的犯罪は、日本人は誰もが知っている原爆を用いたことである。原爆というのは、禁止されていなかったように見えるけれども、精密に国際法を見ると一九〇七年のハーグにおいて開かれた陸戦協定においても、残虐な兵器（敵か味方かわからず全てを殺傷してしまうような兵器のこと）の使用を禁止していた。

アメリカには原爆を使用するのは止めておこうかという議論があった。人種差別ではないかという議論まであったのだが、結局、ドイツには用いずに、日本に使用した。これが国際法違反であるというのは、その後、どんな国にも原爆は用いられていない、ということからも、わかるはずである。

実際、陸戦協定においては、毒ガスだとかダムダム弾だとかも残虐だということで禁止した。原爆はそれと比べようもないくらい残虐である。だから当然、禁止されたものであると解釈しなければならない。

ところがアメリカはこれを用いたので、当然、その時の責任者は戦犯として裁かれなければならなかったはずである。

いちばん図々しいのはソ連

原爆ほど残虐ではないが、明らかに不当だというのは、潜水艦による無警告撃沈である。アメリカは、第一次世界大戦では、ドイツによる潜水艦の各商船に対する無警告撃沈を不当だと言った。その絶大な効果によって、ドイツはアメリカを敵としてしまった。つまり、無警告撃沈に猛烈に反対して第一次世界大戦に参戦したのがアメリカなのである。

ところが第二次世界大戦の時は、アメリカ自身が無警告撃沈をした。病院船攻撃までやっている。しかし、裁かれなかった。

裁判では、一般市民の無差別爆撃を、重慶において日本がやったというのを盛んに攻撃したが、それを言うならアメリカの絨毯《じゅうたん》爆撃は正しく無差別爆撃であると言える。だが、東京裁判では何の問題にもしなかった。

東京裁判というのは真に不公平な、「勝者による敗者の裁判」であって、アメリカがインディアンの酋長を裁判したり、家康が石田三成を裁判したようなものである。

一番図々しいのはソ連で、大戦の末期には、日ソ中立条約が未だ半年の期限を残していたが、ソ連は勝手に攻めてきてしまった。そのことは一言も東京裁判では触れられなかった。そして、条約侵犯については一言もないまま、満洲にいた日本人を六〇万人ソ連に連行し、虐待した。だから東京裁判というのは、原理、手続きにおいて、非常に不公平だと言える。

東京裁判において不思議なのは、満洲事変の真の主謀者、石原莞爾が、法廷にも呼ばれず、起訴もされていないことである。何故これほどの不公平が行われたのか。

東京裁判は、公平な国際法に基づいたのではなく、多く、マッカーサーの任意によるものであるとは、明らかにされている所である。

石原莞爾を特に省いたというのも、マッカーサーの故意による。

それは、どんな「故意」なのか？

つまり、マッカーサーは、戦略の天才、石原の能力を恐れていたのであろう。

若くしてドイツに留学した石原は、なぜ、第一次大戦でドイツが敗北を喫したのかを研究し、シュリーフェン元帥のプラン（対フランス侵攻作戦計画）は、有能な指揮官を得ていたなら、必ずや成功していたであろうと断言した。

その卓見には、元ドイツ参謀本部の面々も困惑するほど見事なものであった。

この戦略の怪物を東京裁判に出廷させたら、石原の性格からして、マッカーサーの軍人としての力量を、遠慮会釈なく、昂然と批判し、「あなたの作戦で、評価出来るものなど殆どない」と平然として言い切ったろう。

マッカーサーの嗅覚が、石原を喚問せずが得策と読んだのであろう。

それにもう一人、東京裁判に呼ばれるべきなのに呼ばれなかった天才がいる。

平泉澄《ひらいずみきよし》である。平泉氏は軍人ではない。歴史学者である。

学者で戦犯に問われた人としては、大川周明《おおかわしゅうめい》博士がいるが、平泉博士は、学者としても人物としてもずっと大物である。

平泉博士は、山崎暗斎、山鹿素行、吉田松陰、橋本景岳《はしもとけいがく》（左内《さない》）の学説を高く評価し、これらこそ、日本の真の学問であるとした。維新後の日本は、国史の国定教科書においても、神話を史実とし、教えたのである。

歴史教育と歴史研究は違うから近代国家形成を急ぐ日本に於いては歴史教育と研究が違って当然だとし、那河通世《なかみちよ》博士と同意見であった。

アメリカの学校教育は、この両博士の主旨と同じである。しかし、日本には戦後教育に於いて、そうはさせなかった。

マッカーサーは、この様な高い学識に裏付けされた本物の大物は石原莞爾と同じく面倒で無視した方が得策と考えたのだろう。

国会が東京裁判を全面否定

最後に、日本国民が全員、思い出さなければならないことは、国会が日本国の名に於いて、東京裁判の判決を全面的に否定したことである。この明白な事実を忘れてはいけない。

我が国は主権を回復したサンフランシスコ講和会議後、自らの意思により昭和二十七年以降の国会で「戦争犯罪裁判での受刑者の全面的赦免《しゃめん》」を決議した。受刑者のうち、終身刑を受けた者も、既に釈放されていたが、国会で全員に対して、この決議があったのである。この点、ニュルンベルグ裁判とは全く違う。

更に注目すべきことは、恩給法、遺族等援助法の改正を通じて、「死刑」や「獄死」した被告の死は、「戦病死」と同じ「公務死」であると見なすことにしたことである。

これは全く「戦犯」の否定である。終《つい》に「東京裁判」は、日本では「存在しない」ことになった。その後、更に政府が「厚生省通達」という形で、戦犯裁判で死刑になった人々も、靖國神社へ合祀されることを明らかにしたのである。

東京裁判の開廷は、マッカーサーの命令以外に如何なる国際法的根拠も持たなかった。

他方、ニュルンベルク裁判は、ロンドン議定書の国際法的根拠のもとに開かれた。

トルーマン大統領に解任された直後の一九五一年の五月三日に、マッカーサー自身が日本のした戦争は、ＡＢＣＤ包囲網（経済制裁）の結果、安全保障に迫られた自衛のための戦争だったという趣旨の証言を、上院軍事外交合同委員会でしている。

東京裁判は報復《リンチ》裁判であって「茶番」と言わずして何と言うのか。

本書は、小社より二〇〇五年に刊行された単行本『日本国民に告ぐ』をＷＡＣ ＢＵＮＫＯ化した新版です。小室直樹先生は、二〇一〇年九月に逝去されたため、本書で言及している慰安婦問題などに関しては、そのあとの動き（朝日新聞の吉田清治記事の取り消しなど）については考察されていません。しかし、小室先生が、シャープな知性と視点にて綴った本書の価値は変わりません。小室先生の学問的業績を代表する一書として、本書をよりお求めやすい新書判サイズで復刊する所以です。（編集部）

小室　直樹（こむろ・なおき）

政治学者、経済学者。1932年東京生まれ。京都大学理学部数学科卒業。大阪大学大学院経済学研究科、東京大学大学院法学政治学研究科修了。法学博士。フルブライト留学生としてアメリカに留学、ミシガン大学大学院でスーツ博士に計量経済学を、マサチューセッツ工科大学大学院でサムエルソン博士（1970年ノーベル賞）とソロー博士（1987年ノーベル賞）に理論経済学を、ハーバード大学大学院ではアロー博士（1972年ノーベル賞）とクープマンス博士（1975年ノーベル賞）に理論経済学を、スキナー博士に心理学を、パースンズ博士に社会学を、ホマンズ教授に社会心理学を学ぶ。『日本人のための経済原論』（東洋経済新報社）、『小室直樹の中国原論』（徳間書店）、『日本人のためのイスラム原論』（集英社インターナショナル）、『硫黄島栗林忠道大将の教訓』『数学を使わない数学の講義』（以上、ワック）ほか著書多数。2010年9月逝去。

日本国民《にほんこくみん》に告《つ》ぐ　誇《ほこり》りなき国家《こっか》は滅亡《めつぼう》する

2018年９月25日　初版発行
2018年11月９日　第２刷

著　者　小室 直樹

発行者　鈴木 隆一

発行所　ワック株式会社

東京都千代田区五番町 4-5　五番町コスモビル　〒 102-0076
電話　03-5226-7622
http://web-wac.co.jp/

印刷製本　図書印刷株式会社

ISBN978-4-89831-782-2